여드름약과 부작용

Acne medications and side effects

컬러판

여드름약과 부작용(컬러판)

발　행 | 2019년 10월 25일
저　자 | 정종영
펴낸이 | 한건희
펴낸곳 | 주식회사 부크크
출판사등록 | 2014.07.15.(제2014-16호)
주　소 | 서울특별시 금천구 가산디지털1로 119 SK트윈타워 A동 305호
전　화 | 1670-8316
이메일 | info@bookk.co.kr

ISBN | 979-11-272-8567-8

www.bookk.co.kr

여드름약과 부작용

Acne medications and side effects

컬러판

저자 의학박사 정종영

저자소개

약력

한양대학교 의과대학 졸업
고려대학교 의과대학원 의학박사
(전)대한의사협회 국민의학지식향상위원회 실무위원
(전)대한미용웰빙학회 자문위원
(전)대한일차진료학회 초대, 2대 회장
(전)대한일차진료학회 스킨케어 아카데미 주관강사
(전)대한일차진료학회 피부질환 핸드온코스 주관강사
(전)대한임상레이저학회 회장
(현)대한임상피부관리연구회 회장
(현)대한임상피부관리학회 회장
(현)대한기미학회 회장
(현)북유럽그릇 수집가
(현)청주 메어리벳의원 원장

저서

여드름
임상여드름학
피부일차진료학
임상적 피부관리
아틀라스 피부관리학
아틀라스 필링 매뉴얼
한국에 흔한 피부질환
한국의 알레르기접촉피부염
아토피피부염의 진단과 치료
피부질환의 일차진료 1권
피부질환의 일차진료 2권
피부질환의 일차진료 3권
피부질환의 일차진료 (1)
피부 CO_2 레이저
기미 - 기미의 진단과 치료
CO_2 Laser, Nd:YAG Laser & IPL
CO_2 laser를 이용한 다양한 술기(computer file)
과학적인 스킨케어(감역)
진료실에서 보는 피부질환(감수)
모든 진료에 도움이 되는 피부진료의 요령(감수)

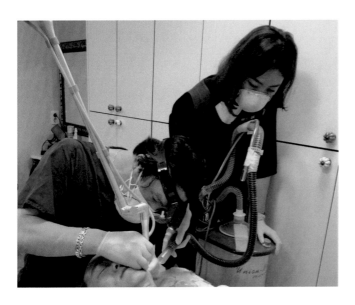

목차

여드름약과 부작용

Acne medications and side effects

제1장. 서론

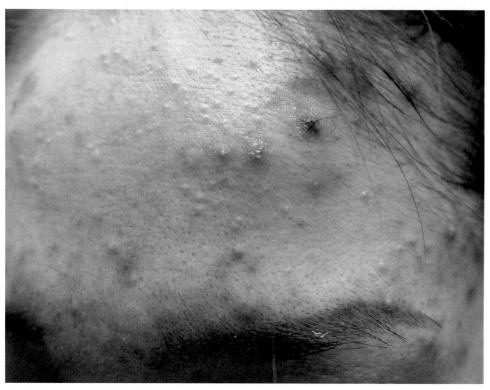

사진 1-1. 이마에서 발견되는 여드름 병변

최근 다른 알레르기질환과 함께 국내외적으로 증가 추세를 보이며, 심각하게 삶의 질을 손상시키는 아토피피부염의 유병률이 우리나라에서는 얼마나 될까?

최근의 조사에 의하면 우리나라의 경우 소아에서는 전반적으로 13.50%, 성인에서는 2.2~2.3%의 발생 빈도를 보이고 있다. 그러면 평생 한 번 이상 두드러기를 경험하는 인구수는 우리나라에서 몇 퍼센트나 될까? 우리의 기대와는 달리 15~20%에 불과하다. 또한, 여름마다 극성을 부리며 많은 블편을 초래하는 발에 생기는 무좀에 걸리는 사람은 우리나라에서 대략 36.5% 정도로 추정되고 있다. 그렇다면 여드름을 과거에 경험했거나 현재 앓고 있는 성인은 몇 퍼센트나 되나?

조사에 따라 조금씩 차이가 있지만, 무려 79~98%에 달한다는 것이며, 거의 100% 가 경험하게 된다는 보고도 있다.

진찰실에서 자주 경험하는 일이지만 딸을 데리고 내원한 엄마가 하는 말, "엄마 아빠는 학교 다닐 때 여드름 같은 것 없었는데, 너는 무슨 돌연변이니? 왜 이렇게 여드름이 심한 거야! 앞머리 좀 그렇게 내리고 다니지 말라고 했지? 학생이 왜 화장을 하고 다녀?" 볼멘소리는 여드름 관리 비용을 얘기하자마자 점점 더 커져 간다. 그러면 필자는 엄마에게 얘기한다. "성인의 98%가 여드름을 경험하는 것으로 조사되고 있는데, 엄마 아빠가 여드름이 안 났다면 엄마 아빠가 이상한 거지 왜 정상적으로 성장해 가는 아이를 그렇게 야단치세요? 여드름 치료 잘 받고 멋지게 성장하도록 도와주세요!" 필자는 여드름이 심한 아이들의 부모님들에게 여드름으로 인한 후유증으로 아이가 성인이 되었을 때 고민하고 쭈뼛거리며 세상을 살지 않도록 잘 치료받을 수 있는 기회를 줄 것을 호소하곤 한다.

여드름은 사춘기에 호발하는 모피지선 단위의 자기국한성의 만성 염증성 질환으로, 특징적인 면포와 홍반성 구진, 농포, 거짓낭, 결절, 흉터 등의 병변이 피지 분비가 많은 부위인 얼굴이나 목, 등, 어깨, 가슴에 나타난다.

여드름은 임상적 피부관리를 적용하기에 가장 적합한 피부질환으로 치료도 비교적 잘 되는 피부 트러블 중의 하나이지만, 적절한 시기에 효과적인 치료를 받지 않으면 원치 않는 흉터나 넓은 모공과 같은 후유증으로 평생 고통받을 수 있다. 흉터는 여드름의 매우 흔한 합병증으로, 1994년 Layton 등은 185명의 여드름 환자를 대상으로 조사한 결과, 얼굴의 여드름 흉터는 조사 대상자의 95%에서 성별에 상관없이 어느 정도의 흉터가 발견되었다고 보고하였다. 깊은 결절성 병변뿐만 아니라 표재성의 염증성 구진 병변도 흉터로 진행될 수 있고, 여드름이 처음 발생된 후 치료를 시작하기까지 3년 이상 시간을 지체하는 경우에는 성별과 부위에 관계없이 최고 등급의 흉터가 발생된 것으로 조사되었다며, 여드름으로 인한 흉터를 최소화하기 위해 조기에 적절한 치료가 필요하다는 사실을 강조하였다. 불행하게도, 여드름 흉터가 유발하는 정신사회적인 영향은 실로 엄청나다. 여드름으로 인해 생긴 흉터는 외모를 흉하게 하므로 자긍심이 손상되고 사회적응 및 일상생활에 지장이 초래되며 우울증, 자살 충동 및 삶의 질의 손상이 심각하게 나타날 수 있다. 그러므로 여드름 흉터와 그로 인해 야기되는 정신사회적 어려움을 예방하고 최소화하기 위해 가장 중요한 것은 여드름을 조기에 효과적으로 치료하는 것이다.

하지만 여드름 병변의 종류, 심한 정도 및 후유증의 유무 등 여러 인자에 따라 치료 방법과 그로 인한 결과가 달라진다. 그러므로 무엇보다도 의사의 정확한 진단이 필요하고, 여러 가지 치료 방법 중 환자에게 맞는 치료 방법이 선택되어야 하며, 치료 효과의 극대화와 부작용의 최소화를 위해 많은 연구와 노력이 있어야 할 것으로 생각된다. 그 일환으로 우선 이 책에서는 여드름 치료에 있어서 중요한 부분을 담당하는 여드름의 약물치료와 여드름 약물의 부작용에 대하여 자세히 소개하고자 한다.

참고문헌

1. 노영석, 서대현, 유동수, 이성열, 심우영, 이원수, 이동윤, 박현정. 피부부속기질환. In: 대한피부과학회 교과서 편찬위원회. 피부과학. 제6판. 도서출판 대한의학 2014: 528-36.

2. 서대헌, 윤현선, 계영철, 김낙인, 김명남, 노영석, 성경제, 이상주, 이은소, 이일수, 이주홍, 이지범, 윤미영, 정재윤, 홍종수, 박수경, 김광중. 한국인 여드름 환자의 여드름 치료에 대한 인식 조사. 대한피부과학회 학술대회발표집 2009: 61 (2): 186.

3. 신혜원, 고주연, 노영석. 서울 성동지역 중학생에서의 여드름의 역학과 임상적 특성 및 인식도에 대한 통계적 고찰. 대한피부과학회지 2009: 47 (2): 154-63.

4. 안봉균, 이상주, 남궁기, 정예리, 이승헌. 여드름 환자의 삶의 질 조사. 대한피부과학회지. 2005: 43 (1): 6-14.

5. 안성구, 성열오, 송중원. 여드름바이블: 진단과 치료. 도서출판 진솔. 2006: 339.

6. 이상훈, 조한석, 승나르, 정석준, 김철우, 조희진, 김광호, 김광중. 여드름 환자의 삶의 질. 대한피부과학회지. 2006: 44 (6): 688-95.

7. 이승헌, 박태현, 강원형, 황규광, 이창우, 성경제, 안성구, 박장규. 최근 병원 내원 여드름환자의 통계적 고찰. 대한피부과학회지 1996: 34 (3): 386-93

8. 정종영. 임상적 피부관리. 도서출판 엠디월드. 2010: 1066-8.

9. 조영준, 이동훈, 황은주, 윤재일, 서대헌. 서울대학교병원 여드름 클리닉에 내원한 환자에 대한 분석 연구. 대한피부과학회지 2006: 44 (7): 798-804

10. Archer CB, Cohen SN, Baron SE. Guidance on the diagnosis and clinical management of acne. Clin Exp Dermatol 2012: 37 Suppl 1: 1-6.

11. Behnam B, Taheri R, Ghorbani R, Allameh P. Psychological impairments in the patients with acne. Indian J Dermatol 2013: 58 (1): 26-9.

12. Chan JJ, Rohr JB. Acne vulgaris: yesterday, today and tomorrow. Australas J Dermatol 2000: 41 Suppl: S69-72.

13. Cotterill JA, Cunliffe WJ. Suicide in dermatological patients. Br J

Dermatol 1997; 137: 246-50.

14. Do JE, Cho SM, In SI, Lim KY, Lee S, Lee ES. Psychosocial Aspects of Acne Vulgaris: A Community-based Study with Korean Adolescents. Ann Dermatol 2009; 21 (2): 125-9.

15. Fabbrocini G, De Padova MP. Acne. In: Tosti A, Hexsel D, eds. Update in Cosmetic Dermatology. Springer Berlin Heidelberg, 2013: 33-50.

16. Koo JY, Smith LL. Psychologic aspects of acne. Pediatr Dermatol 1991; 8 (3): 185-8.

17. Kraus SJ. Stress, acne and skin surface free fatty acids. Psychosom Med 1970; 32 (5): 503-8.

18. Layton AM, Eady A, Cunliffe WJ. A reassessment of acne: what constitutes severe acne? Br J Dermatol 1991; 125: 35-6.

19. Layton AM, Henderson CA, Cunliffe WJ. A clinical evaluation of acne scarring and its incidence. Clin Exp Dermatol 1994; 19 (4): 303-8.

20. Mallon E, Newton JN, Klassen A, Stewart-Brown SL, Ryan TJ, Finlay AY. The quality of life in acne: a comparison with general medical conditions using generic questionnaires. Br J Dermato 1999; 140: 672-6.

21. Matsuoka Y, Yoneda K, Sadahira C, Katsuura J, Moriue T, Kubota Y. Effects of skin care and makeup under instructions from dermatologists on the quality of life of female patients with acne vulgaris. J Dermatol 2006; 33 (11): 745-52.

22. Min SK, Lee CI, Kim KI, Suh SY, Kim DK. Development of korean version of WHO quality of life scale abbreviated version (WHOQOL-BREF). J Korean Neuropsychiatr Assoc 2000; 39: 571-9.

23. Rapp DA, Brenes GA, Feldman SR, Fleischer AB Jr, Graham GF, Dailey M, Rapp SR. Anger and acne: implications for quality of life, patient satisfaction and clinical care. Br J Dermatol 2004; 151 (1): 183-9.

24. Uhlenhake E, Yentzer BA, Feldman SR. Acne vulgaris and depression: a retrospective examination. J Cosmet Dermatol 2010; 9 (1): 59-63.

25. van der Meeren HL, van der Schaar WW, van den Hurk CM. The psychological impact of severe acne. Cutis 1985; 36: 84-6.

제2장. 여드름의 원인과 발생기전

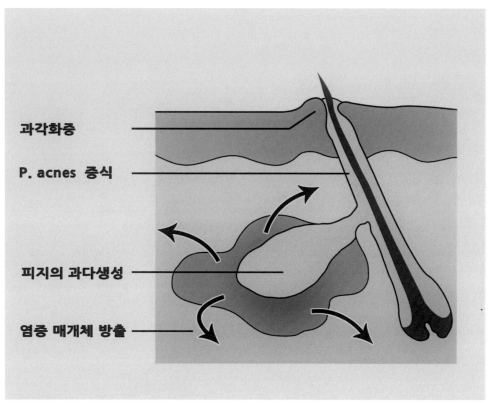

과각화증

P. acnes 증식

피지의 과다생성

염증 매개체 방출

그림 2-1. 여드름의 4대 주요 병인

여드름을 일으키는 원인과 발생기전을 이해하는 것은 대단히 중요하다. 왜냐하면 그 원인과 발생기전을 차단하는 것이 여드름의 예방과 치료의 핵심이기 때문에 그러하다. 여드름이 발생하는 환자의 모공 안을 자세히 들여다 보면 모공 내에 피지 덩어리들이 뭉쳐있는 것을 볼 수 있는데, 이것은 과도하게 분비된 피지들이 모공을 통해 밖으로 흘러나가지 못하고 내부에 정체되어 생기는 현상이다.

피지를 생성하는 피지샘(sebaceous gland)은 손바닥과 발바닥을 제외한 전신에 존재하는데, 특히 두피, 얼굴, 목, 등, 가슴에 많이 분포되어 있다. 피지샘은 대부분 모낭과 연결되어 있고 작은 관을 통해서 피지를 분비하게 된다. 안드로겐과 같은 남성

호르몬에 영향을 받아 피지를 분비하여, 피부의 표면에서 피부 표면 지질층을 구성하게 한다. 피지의 기능은 아직 완전히 밝혀져 있지는 않지만, 피부의 윤기, 수분증발 억제, pH유지, 유해물질로부터 보호, 살균작용 등이 있는 것으로 알려져 있으며, 트리글리세리드, 왁스에스테르, 스쿠알렌, 유리지방산, 리놀레산, 콜레스테롤에스테르, 콜레스테롤 등으로 구성되어 있다.

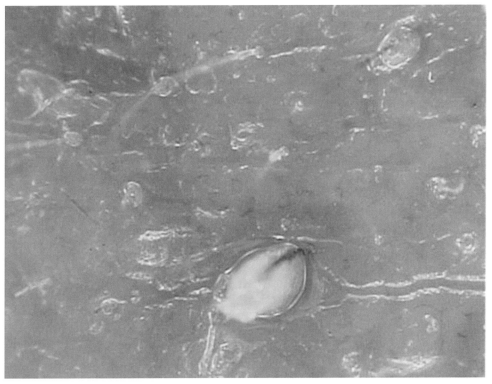

사진 2-2. 모공 속에서 관찰되는 피지 덩어리(200배 확대)

피지샘의 크기나 밀도는 개체 및 부위에 따라 차이가 있으나, 일반적으로 피지샘이 가장 크고 밀도가 높은 부위는 여드름이 호발하는 얼굴과 두피이다. 모발은 피지의 배출과 밀접하게 관련이 있지만, 여드름의 호발 부위는 큰 피지샘과 연관이 되며, 모발이 매우 작은 경우가 흔하다. 즉, 얼굴에는 3가지 형태의 피지샘이 존재하는데, (1) 턱수염 모낭(beard follicle)은 성모와 연관된 피지샘으로 피지샘이 수적으로 적으며 성모가 내용물을 원활히 배출하는 길잡이 역할을 하므로 여드름이 잘 생기지 않고, (2) 피지 모낭(sebaceous follicle)의 피지샘은 매우 크고 숫자가 많으나 매우 작은 크기의 털로서 대부분의 여드름이 이 형태에서 발생되며, (3) 솜털 모낭(vellus follicle)은 중간 형태의 피지샘 크기와 숫자를 가지며 작은 연모가 존재한다.

이렇듯 여드름은 모낭성 병변이 아니라, 오히려 모피지샘질환이라는 것을 이해하여야 한다. 모피지선 단위(pilosebaceous unit)는 모발, 피지샘, 모낭, 기모근으로 구성된다. 여드름은 보통 12~14세 경부터 발생하기 시작하여 15~19세까지 더욱 심해지며 20대 중반에 쇠퇴하지만, 경우에 따라 20대 혹은 30대에 시작하여 수년간 지속되기도 한다. 여성이 남성보다 여드름이 조기에 발생하는 경향이 있는데, 이는 여성의 사춘기 시작이 남성보다 빠르기 때문이다.

여드름의 병인은 아직 명확히 밝혀져 있지 않으나, 여러 다양한 인자의 상호 작용에 의해 임상 증상이 유발된다. 현재까지 제시되고 있는 여드름의 병인은, (1) 주로 남성호르몬에 의한 피지 분비의 증가, (2) 비정상적으로 증가된 모낭 입구의 과각화와 모공 폐쇄, (3) 세균(*P. acnes*)의 증식, (4) 염증 유발, 그 외에 피부장벽기능의 이상, 유전, 환경적요인 등 다양한 요소가 여드름 병변이 발생하는데 관여한다고 알려져 있다.

(1) 호르몬에 의한 피지 분비의 증가

사진 2-(1)-1. 피지 분비의 증가(60배 확대)

여드름 환자에서는 정상인보다 피지 분비량이 많고, 여드름 병변의 심한 정도는 피지 분비량과 밀접한 관계가 있다. 피지 분비가 증가되는 것은 남성호르몬인 안드로겐과 연관이 크며, 그 외 부신피질호르몬, 성선자극호르몬, 갑상선호르몬 그리고 스테로이드 약제 등이 피지 분비에 일부 관여하는 것으로 알려져 있다.

체내 순환 안드로겐은 피지샘의 피지세포 내에 존재하는 안드로겐수용체와 결합하여 활성화된 형태로 바뀌어, 피지세포의 세포 분열을 증가시킴으로써 피지를 많이 분비시키게 된다. 또한, 안드로겐은 모공 입구의 각질형성세포를 자극하여 모공의 폐쇄를 유도한다. 피지 분비의 증가와 함께 모공 입구에 존재하는 각질형성세포의 각화 현상에 의해 모공이 막히게 되면 피지가 축적되고, 모공의 폐쇄는 변화된 피지 성분에 의해 더욱 심화되어 여드름이 발생하는 것이다.

(2) 비정상적으로 증가된 모낭 입구의 과다각화와 모공 폐쇄

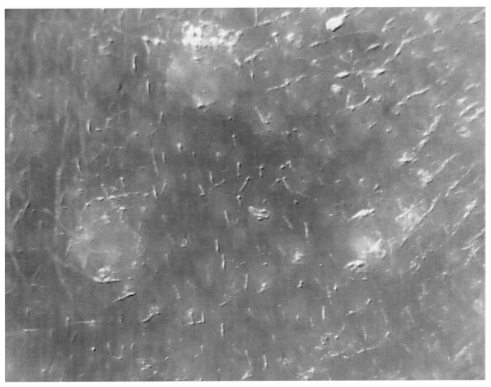

사진 2-(2)-1. 모공 입구의 과다각화와 폐쇄(60배 확대)

모낭의 누두부 중 하부 4/5에 해당하는 하부누두는 상부의 표피와는 대조적으로 과립층이 뚜렷하게 존재하지 않고 글리코겐을 함유한 세포들이 가끔 존재한다. 얇아진 각질층은 쉽게 박리되어서 관의 내부로 이동하고 피지와 세균의 혼합이 발생하며, 이렇게 면포가 형성되면 각질층이 보다 더 견고해지면서 쉽게 탈락되지 않기 때문에 모피지선관의 확장을 가져와 미세면포를 유발한다.

 면포는 비정상적으로 증가된 모낭 각질형성세포의 과증식과 각질형성세포의 탈락이 제대로 일어나지 않아서 야기되는 각질형성세포간의 유착이 모피지샘 내의 각질형성세포의 축적을 가져와 발생한다. 이러한 모낭 각질형성세포의 과증식과 각질형성세포간의 유착은 모피지샘의 과증식을 더욱 심화시킨다. 과다각화증에 의한 면포의 형성 기전에 대해서는 주로 피지의 지질 조성 변화, 남성호르몬, 사이토카인 등이 관여하는 것으로 생각되고 있다.

(3) 세균의 증식

 사진 2-(3)-1. 세균의 증식(모공 속에 존재하는 여드름세균이 대사 과정에서 만드는 포르피린에 의해 나타나는 형광을 우드등 조사 하에 촬영)

*Propionibacterium acnes*는 비운동성, 그람양성의 간균이다. 피부의 모낭에 상재하는 혐기성 세균으로서 여드름을 유발하지만, 피부에 공생하는 미생물이다. 각질형성세포로부터 얻는 질소화합물을 이용하여 에너지를 만들며, 가장 활발한 활동에 필요

한 적정 온도는 30~37℃이다. pH 5.0~6.5에서 증식이 가장 활발하고, 산소분압이 낮을수록 증식이 활발하다. 피지가 저류되면 모낭이 막혀 공기 순환이 차단되는데, 이러한 환경은 정상 성인의 피부에 상재하는 혐기성 세균에 해당하는 *P. acnes*가 잘 자랄수 있는 주요한 역할을 하게 된다.

*P. acnes*의 증식은 여드름의 발생 원인으로서 중요한 역할을 하지만 여드름은 감염성 질환이 아니고, 여드름의 발생 과정에서 *P. acnes*는 면역학적 기전과 비면역학적 기전에 모두 관여하는 것으로 알려져 있다. *P. acnes*가 여드름의 발생에 관여한다는 근거는 (1) *P. acnes* 세균의 항생제에 대한 내성 발생률에 비례하여 치료 실패율이 증가한다는 사실과 (2) *P. acnes* 세균의 수적인 감소와 여드름 병변의 호전이 관련이 있다는 사실이다.

(4) 염증의 유발

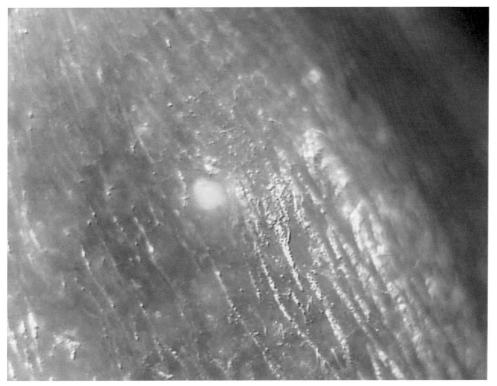

사진 2-(4)-1. 염증의 발생(60배 확대)

여드름 발생의 또 다른 주요 요인은 염증의 발생이다. 염증이 유발되는 여러 가지 원인 중에 피지의 분비가 증가하고 모공이 막히는 상태는 *P. acnes* 세균에 의한 염증의 유발을 촉진하게 된다. 국소적으로 *P. acnes* 세균의 숫자가 증가하면 각질형성 세포에 부분적인 손상이 오게되고, 이러한 국소적인 장벽의 손상에 의해 여러 가지 염증과 관련된 사이토카인이 진피로 분비되어 여드름의 염증 반응을 유발하게 된다.

여드름 염증은 후유증으로 흉터를 남길 수 있으므로 매우 임상적으로 중요하다. 일반적으로 흉터를 남기는 여드름은 흉터를 남기지 않고 치유되는 여드름에 비해서 초기 염증반응은 오히려 적지만 염증반응이 오래 지속된다. 하지만 흉터를 남기지 않는 여드름은 염증이 초기에 보다 심하나 빨리 소실되는 경향을 보이므로, 초기 염증성 여드름의 치료가 여드름 치료 결과에 중요한 영향을 미칠 수 있는 것으로 알려진다.

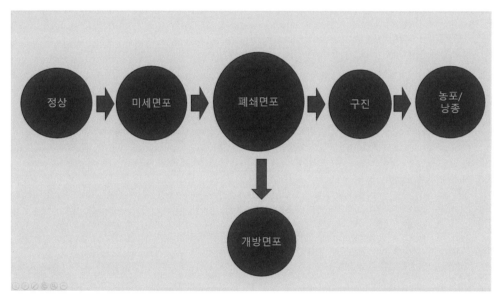

그림 2-(4)-2. 여드름 병변의 발생 단계

(5) 기타 요인

A. 피부장벽기능의 이상

여드름 발생의 또 다른 병인으로 제시되고 있는 것은 피부장벽기능의 이상이다. 여드름 환자에서는 스핑고지질의 양이 정상 대조군에 비해 감소되어 있는데, 이처럼 피부장벽기능에 이상이 생기면 경피수분손실이 증가하고 DNA 합성이 증가하여 모낭 표피세포의 과증식 및 과다각화증을 유발한다. 즉 스핑고지질, 특히 세라마이드의 부족에 의한 피부장벽기능의 저하는 면포 형성 과정에서 과다각화증을 일으키는 원인이 된다. 또한, 필수지방산인 리놀레산의 국소적인 농도 감소는 모낭의 과다각화증을 일으켜 면포 형성에 관여하는 것으로 밝혀지고 있는데, 피부장벽기능의 이상은 필수지방산 결핍에 의한 모낭의 과다각화를 가져와 면포 형성 및 여드름의 병인에 중요한 요소가 되고 있다.

B. 유전적 요인

여드름 발생에 있어서 유전적 요인도 중요한 것으로 알려져 있는데, 피지샘의 크기와 활성도가 유전에 의해 결정되는 것으로 보고되고 있다. 연구에 의하면 일란성 쌍생아에서 여드름의 분포 및 정도가 매우 높은 일치를 보인다는 점이 유전적 요인의 중요성을 짐작하게 한다. 하지만 여드름은 다유전성의 경향이 있고 다양한 임상 양상을 보이는 피부질환이므로 반드시 멘델의 유전법칙을 나타내지 않는다. 가족력이 있는 여드름 환자군에서 통계학적으로 유의하게 여드름 병변의 유병 기간이 더 길고, 더 일찍 여드름이 발생한다고 알려져 있으며, 지속되는 여드름을 가진 환자는 사춘기 여드름 환자와는 대조적으로 매우 강력한 가족력을 가지는 경우가 많다.

C. 스트레스

스트레스가 여드름을 악화시키는 기전에 대해 다양한 의견이 제시되고 있는데, 먼저 스트레스를 받으면 당질코르티코이드와 같은 스트레스 호르몬이 다량 분비되고 부신에서 안드로겐의 분비도 증가하게 되어 여드름이 악화되는 것으로 보고되고 있다. 또한, 정신적 스트레스가 신경계를 통하여 피지샘을 자극하고 피지샘은 피지세포에서 지질합성을 촉진시키는 자가분비호르몬인 corticotropin-releasing hormone(CRH)의 분비를 통해 피지 형성의 변화를 가져와 임상적으로 여드름을 유발하게 된다는 보고가 있다. 스트레스는 말초신경계에서 서브스탠스 P 분비를 유발할 수 있으며, 서브스탠스 P는 피지샘의 증식과 분화를 촉진하여 피지샘 내의 지방합성을 증가시킨다는 의견이 있다. 또한, 최근에는 스트레스가 피지 분비량을 증가시키는 것이 아니라 피지샘에서 염증을 매개하는 신경펩티드 분비와 피지의 지질 성분의 변화를 일으켜 여드름의 악화에 기여한다는 주장도 있다.

D. 음식섭취

오래전부터 음식은 여드름 발생과 악화의 요인으로 많은 주목을 받아 왔고 그에 따른 다양한 연구들이 이루어지고 있으나, 연구자에 따라 연구 방법이나 견해에 차이가 있어 아직도 많은 논란이 있다. 수년 전까지 일반적으로 음식과 여드름은 별 상관이 없으며, 여드름의 정도와 총칼로리 섭취, 탄수화물, 지질, 단백질, 미네랄, 아미노산 및 비타민 섭취 사이에 큰 관련이 없다는 견해가 많았다. 하지만 최근에는 음식이 여드름의 발생에 영향을 미칠 수 있다는 연구결과들이 나와 다시 관심을 끌고 있다. 이러한 연구들은 비교적 엄격한 역학조사 방법을 이용하고 있으며, 음식이 여드름 발생에 연관되는 기전까지 제시하고 있는 경우도 많아서, 다시 음식과 여드름과의 관련성을 부각시키고 있는 실정이다.

사진 2-(5)-1. '여드름은 먼저 음식을 골라 먹을 일'이라는 오래전 신문 기사(1939년 매일신보)

E. 기름진 음식

여드름 환자는 대부분 얼굴에 기름기가 많으므로 기름진 음식이 여드름을 악화시킨다고 생각하는 경우가 많다. 수년 전까지 이러한 생각은 환자들의 편견이며, 동물성 및 식물성 기름을 과도하게 섭취하여도 전혀 피지 분비가 증가되지 않고, 혈중 지질이 피지샘 세포에 영향을 미치지 않으며, 반대로 지방이 전혀 없는 음식도 여드름 환자의 증상을 개선시키지 않는다는 의견이 지배적이었다. 즉, 피지샘은 섭취한 지질의 배출 통로가 아니며, 혈청 내의 지질은 피지샘을 통과하지 않는다는 것이다.

하지만 최근에는 고지방 음식이 피지의 분비량과 피지 구성성분의 비율에 영향을 줄 수도 있다는 보고가 나오고 있다. 피지를 만들기 위해 피지샘이 혈중의 지방산을 이용할 수 있다고 밝혀지고 있는 것이다.

F. 호르몬과 생리

여성 여드름 환자의 약 60~70%는 생리 약 1주일 전에 여드름이 악화되는 것을 경험한다. 이러한 현상에 대한 원인은 프로게스테론에 의한 피지 분비의 증가와 생리 후 15~20일 가장 좁아지는 모피지관 크기의 변화 때문인 것으로 생각되고 있다. 이처럼 여드름 발생에 있어서 다양한 원인 중 호르몬의 변화가 특히 중요한데, (1) 사춘기에 발생하는 여드름은 안드로겐이라는 남성호르몬이 주 원인이며, (2) 스트레스, 피로, 잠을 못 잘 때 생기는 여드름은 다량 분비되는 코티솔이 원인이고, (3) 생리전 약 1주일 전에 악화되는 여드름은 프로게스테론이라는 여성호르몬이 원인이다. 반대로, 에스트로겐은 피지샘의 피지 분비를 저하시키는 작용을 한다. 일부의 보고에 의하면 피임제 역시 여드름의 발생에 영향을 줄 수 있는 것으로 밝혀졌다. 그것은 피임제를 사용하는 여성은 사용하지 않는 여성에 비해 여드름의 유병률이 통계적으로 유의하게 낮다는 것이다.

G. 화장품

유지방이 많이 함유되어 있는 화장품을 사용하는 사람에게서 여드름이 호발한다. 그러므로 화장품도 여드름 발생의 하나의 요인이 될 수 있다. 화장품은 수분 성분과 지방 성분들이 결합된 유화 상태에 있는데, 특히 지방 성분들 중에 각질형성세포들을 서로 달라붙게 함으로써 모공을 막아 여드름을 유발 할 수 있는 물질이 많이 숨어있을 수 있다. 이러한 화장품에 함유되어 있는 면포 유발 성분과 여드름 유발 성분에 의한 여드름의 발생도 가능하지만, 화장품 사용 방법의 잘못으로도 여드름이 유발될 수 있는 것으로 알려진다.

H. 계절적인 요인

그간 정확한 기전은 밝혀지지 않았지만, 여름이 되면 여드름 환자의 약 60%에서 여드름이 호전되고 겨울에는 악화된다고 알려져 왔다. 여름에는 태양광선에 의한 색소 침착에 의해 여드름 병변이 잘 눈에 띄지 않게 된다든가, 자외선에 의한 항염증 효과

또는 세균에 대한 영향 등의 가설이 제시되어 왔다. 하지만 최근엔 이와 상반되게, 겨울에 여드름이 악화하지 않고 여름에는 고온다습한 기후로 인해 땀을 많이 흘리게 되어 여드름 병변이 악화된다는 주장이 있으며, 또한 일광욕이 정신적인 이유나 기분 전환에는 좋을지 모르나 피부에 대한 부정적인 효과 때문에 자외선으로 여드름을 치료할 어떤 이유도 발견할 수 없었다는 연구결과 보고도 있었다. 그리고 최근 국내의 몇몇 보고 역시 오히려 여드름이 여름에 악화되고 겨울에 호전된다는 연구조사의 결과를 보고하고 있다.

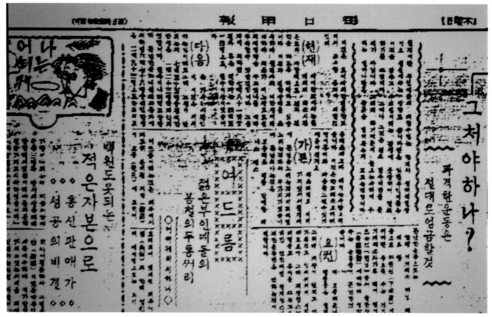

사진 3-17. '여드름이 젊은 부인네들의 봄철의 두통거리'라는 오래전 신문기사(1936년 매일신보)

I. 모낭의 반응성

피지샘이나 모낭의 생리학적, 해부학적 특징이 여드름의 정도를 결정하므로 모낭의 반응성도 여드름 발생에 중요한 요인이다. 여드름이 없는 피부에 비해 여드름 피부는 경피투과 장벽의 손상이 크며, 모낭의 반응성을 일으키는 다양한 화학 물질은 여드름 환자에게 더 큰 영향력을 줄 수 있는 것으로 알려진다.

J. 기타 요인

이상 나열한 여러 가지 요인 외에도 습도, 열, 과도한 태양광선에의 노출, 마찰과 압력, 특정 약물 등은 여드름 병변의 악화를 가져올 수 있다.

참고문헌

1. 권혁훈, 윤지영, 홍종수, 정재윤, 서대헌. 저혈당부하 식이가 여드름 병변과 cytokine 및 피지분비에 미치는 영향. 대한피부과학회 초록집 2011: 49 (20): 228.

2. 노주영, 신용우, 김수남. Propionibacterium acnes가 여드름의 염증반응에 미치는 영향에 관한 연구. 고려대 의대 잡지 1991: 28 (3): 879-93.

3. 노영석, 서대헌, 유동수, 이성열, 심우영, 이원수, 이동윤, 박현정. 피부부속기질환. In: 대한피부과학회 교과서 편찬위원회. 피부과학. 제6판. 도서출판 대한의학 2014: 528-36.

4. 서대헌. 음식과 여드름. 대한피부과학회 초록집 2005: 43 (20): 101.

5. 서대헌. Non-adolescent Acne: Adult & Childhood Acne : Management of Non-adolescent Acne: Acne and Foods. 대한피부과학회 초록집 2007: 45 (20): 108.

6. 서대헌, 윤현선, 계영철, 김낙인, 김명남, 노영석, 성경제, 이상주, 이은소, 이일수, 이주흥, 이지범, 윤미영, 정재윤, 홍종수, 박수경, 김광중. 한국인 여드름 환자의 여드름 치료에 대한 인식 조사. 대한피부과학회 학술대회발표집 2009: 61 (2): 186.

7. 신경훈, 이혜숙, 김관철. 피지 생성과 여드름. 한국피부장벽학회지 2008: 10 (1): 56-60.

8. 신혜원, 고주연, 노영석. 서울 성동지역 중학생에서의 여드름의 역학과 임상적 특성 및 인식도에 대한 통계적 고찰. 대한피부과학회지 2009: 47 (2): 154-63.

9. 안봉균, 이상주, 남궁기, 정예리, 이승헌. 여드름 환자의 삶의 질 조사. 대한피부과학회지 2005: 43 (1): 6-14.

10. 안성구, 성열오, 송중원. 여드름바이블: 진단과 치료. 도서출판 진솔 2006: 61-83.

11. 이상훈, 조한석, 승나르, 정석준, 김철우, 조희진, 김광호, 김광중. 여드름 환자의 삶의 질. 대한피부과학회지 2006: 44 (6): 688-95

12. 이승헌, 박태현, 강원형, 황규광, 이창우, 성경제, 안성구, 박장규. 최근 병원 내원 여드름환자의 통계적 고찰. 대한피부과학회지 1996: 34 (3): 386-93.

13. 이승헌. 여드름의 발생 원인. 피부과전문의를 위한 Update in Dermatology 2003: 1 (1): 10-3.

14. 이원주. 여드름과 음식. 대한피부과학회 초록집 2006: 44 (10): 110.

15. 정재윤, 윤미영, 홍종수, 민성욱, 서대헌. Analytic study about the impact of diet on acne vulgaris in Koreans. 대한피부과학회 초록집. 2009; 47 (20): 143.

16. 정재윤, 권혁훈, 홍종수, 윤지영, 서대헌. Omega-3 and omega-6 fatty acid supplementation in acne vulgaris: a randomized, double-blind, controlled trial. 대한피부과학회 초록집 2011; 49 (20): 229.

17. 정종영. 임상적 피부관리. 도서출판 엠디월드 2010: 1068-9.

18 조영준, 이동훈, 황은주, 윤재일, 서대헌. 서울대학교병원 여드름 클리닉에 내원한 환자에 대한 분석 연구. 대한피부과학회지 2006; 44 (7): 798-804.

19. 한정현, 윤숙정, 이지범, 김성진, 이승철, 원영호. 염증성 여드름 환자에서 분리된 세균의 분석과 임상적인 상관관계. 대한피부과학회지 2011; 49 (8): 676-82.

20. 홍승필, 한병관, 정병조, 배영우, 최응호. 여드름 환자의 얼굴에서 피지량, 여드름 병변수, 모공 형광밀도와의 상관 관계. 대한피부과학회지 2007; 45 (9): 890-7.

21. Bataille V, Snieder H, MacGregor AJ, Sasieni P, Spector TD. The influence of genetics and environmental factors in the pathogenesis of acne: a twin study of acne in women. J Invest Dermatol 2002; 119 (6): 1317-22.

22. Burkhart CN, Gottwald L. Assessment of etiologic agents in acne pathogenesis. Skinmed 2003; 2 (4): 222-8.

23. Cunliffe WJ. Acne. 1st ed. London: Martin Duntiz 1989: 6-31.

24. De Young LM, Spires DA, Ballaron SJ, Cummins CS, Young JM, Allison AC. Acne-like chronic inflammatory activity of Propionibacterium acnes preparations in an animal model: correlation with ability to stimulate the reticuloendothelial system. J Invest Dermatol 1985; 85 (3): 255-8.

25. Gfesser M, Worret WI. Seasonal variations in the severity of acne vulgaris. Int J Dermatol 1996; 35 (2): 116-7.

26. Goldberg JL, Dabade TS, Davis SA, Feldman SR, Krowchuk DP, Fleischer AB. Changing age of acne vulgaris visits: another sign of earlier puberty? Pediatr Dermatol 2011; 28 (6): 645-8.

27. Gollnick H. Current concepts of the pathogenesis of acne: implications for drug treatment. Drugs 2003; 63 (15): 1579-96.

28. Guy R, Green MR, Kealey T. Modeling acne in vitro. J Invest Dermatol 1996; 106 (1): 176-82.

29. Makrantonaki E, Ganceviciene R, Zouboulis C. An update on the role of the sebaceous gland in the pathogenesis of acne. Dermatoendocrinol

2011; 3 (1): 41-9.

30. Melnik BC. Diet in acne: further evidence for the role of nutrient signalling in acne pathogenesis. Acta Derm Venereol 2012; 92 (3): 228-31.

31. Saint-Leger D, Bague A, Lefebvre E, Cohen E, Chivot M. A possible role for squalene in the pathogenesis of acne. II. In vivo study of squalene oxides in skin surface and intra-comedonal lipids of acne patients. Br J Dermatol 1986; 114 (5): 543-52.

32. Sardana K, Sharma RC, Sarkar R. Seasonal variation in acne vulgaris--myth or reality. J Dermatol 2002; 29 (8): 484-8.

33. Shalita AR. Acne vulgaris: current concepts in pathogenesis and treatment. Int J Dermatol 1976; 15 (3): 182-7.

34. Shaw JC. Acne: effect of hormones on pathogenesis and management. Am J Clin Dermatol 2002; 3 (8): 571-8.

35. Tucker SB, Rogers RS 3rd, Winkelmann RK, Privett OS, Jordon RE. Inflammation in acne vulgaris: leukocyte attraction and cytotoxicity by comedonal material. J Invest Dermatol 1980; 74 (1): 21-5.

36. Yosipovitch G, Tang M, Dawn AG, Chen M, Goh CL, Huak Y, Seng LF. Study of psychological stress, sebum production and acne vulgaris in adolescents. Acta Derm Venereol 2007; 87 (2): 135-9.

37. Youn SW, Park ES, Lee DH, Huh CH, Park KC. Does facial sebum excretion really affect the development of acne? Br J Dermatol 2005; 153 (5): 919-24.

38. Zouboulis CC, Böhm M. Neuroendocrine regulation of sebocytes - a pathogenetic link between stress and acne. Exp Dermatol 2004; 13 (Suppl. 4): 31-5.

39. Zouboulis CC. Modern aspects of acne pathogenesis. J Dtsch Dermatol Ges 2010; 8 (s1): 7-14.

40. Zouboulis CC. What is the pathogenesis of acne? Exp Dermatol 2005; 14 (2): 143-52.

제3장. 여드름의 피부 소견

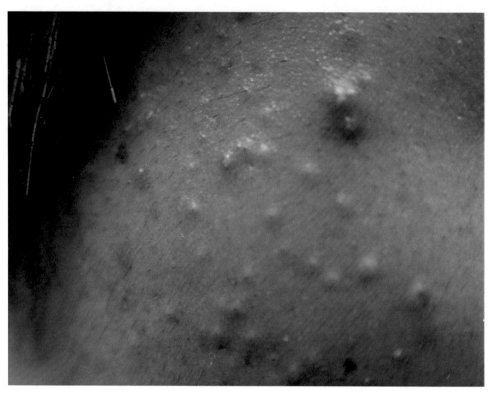

사진 3-1. 여러 가지 형태의 병변이 동시에 존재하는 여드름 환자의 피부

일반적으로 여드름은 다양한 병변이 동시에 존재하는 피부질환이다. 비록 한 가지 유형의 병변만으로 보일지라도 세밀히 관찰해 보면 여러 가지 병변이 상존함을 알 수 있다. 여드름 병변은 크게 (1) 비염증성 병변과 (2) 염증성 병변으로 구별할 수 있으나, 흔히 혼재되어 나타난다.

(1) 비염증성 여드름 병변

비염증성 병변인 면포(comedones)는 모낭 상피의 각화로 인하여 각질과 피지가 정체되어 생기는데, 개방면포(open comedones, black head)와 폐쇄면포(closed comedones, white head)가 주를 이룬다. 최근에는 이러한 비염증성 병변인 면포를 다섯 가지 유형으로 분류하며, 이는 미세면포(microcomedones), 폐쇄면포, 개방면포, 대면포(macrocomedones) 및 기타 면포(miscellaneous comedones)를 말한다.

A. 미세면포(Microcomedones)

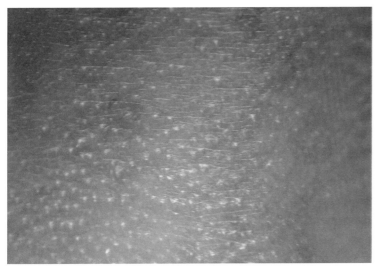

사진 3-(1)-1. 미세면포의 양상

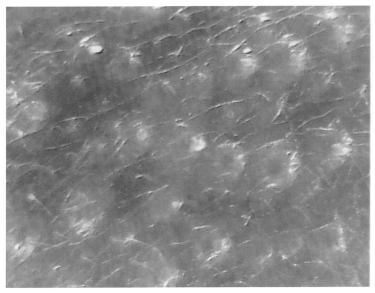

사진 3-(1)-2. 미세면포의 60배 확대 사진

미세면포는 모낭 개구부의 피지, 각전의 혼합과 모낭 누두 하부의 정체성 각화기전에 의해 모피지선관의 확장이 일어나 발생되는 초기의 면포 병변을 말한다. 여드름의 비염증성 병변인 면포의 매우 초기 병변으로서, 육안으로는 진단이 어려울 정도로 병변이 미세하다. 이와 같은 미세면포는 눈에 보이는 면포나 염증성 여드름 병변의 발달에 선행하여 형성된다.

육안적으로는 진단이 매우 어렵기 때문에 피부를 확대해서 보거나, 피부 조직을 조직검사함으로써 병변을 관찰할 수 있으며, 그 숫자가 향후 여드름의 중증도와 관련된다. 여드름 소인이 있는 사람의 정상으로 보이는 피부에 대한 조직검사를 하는 경우, 약 28%에서 미세면포가 발견된다고 보고되고 있다. 이러한 결과는 여드름의 국소적 치료는 단지 병변이 눈에 보이는 부위뿐만이 아니라, 미세면포의 임상적 진행을 막기 위해 여드름이 잘 생기는 그 외의 부위에 대한 치료가 동시에 이루어져야 한다는 사실을 시사하고 있다.

B. 폐쇄면포(Closed comedones, white head)

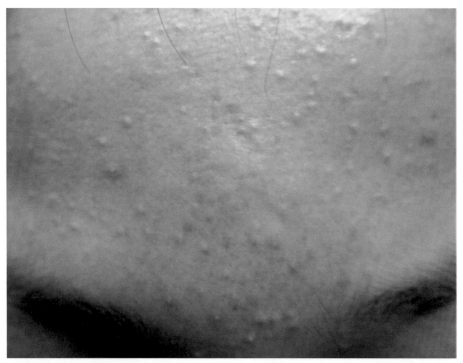

사진 3-(1)-3. 폐쇄면포의 양상

사진 3-(1)-4. 폐쇄면포의 60배 확대 사진

폐쇄면포는 모낭 내에 피지와 각질이 증가하면서 피부 밖으로 배출이 힘들게 되어 모낭관을 막게 되면서 모낭 입구의 아래쪽 부분에 각질과 피지가 축적되어 생긴다. 물론 폐쇄면포와 개방면포가 혼재되어 발생되는 경우가 많지만, 임상적으로 폐쇄면포가 개방면포보다 더 흔한 것으로 보고되고 있다. 폐쇄면포는 대부분 직경 1mm 이하의 반점 또는 구진 형태의 병변으로 백두(white head)로 불리며, 모낭 개구부가 막혀 있으므로 염증성 병변으로 진행될 가능성이 커서 임상적으로 매우 중요하다.

환자의 진단에 있어서 여드름의 특징적인 병변에 해당하는 면포, 특히 폐쇄면포를 찾지 못하여 부적절한 치료가 시작될 수 있다. 그러므로 여드름의 진단 시 특별히 폐쇄면포의 존재를 확인하기 위해 시진과 촉진이 철저히 이루어져야 한다. 피부를 양쪽으로 잡아당겨 보는 촉진법은 비염증성 여드름 병변을 진단하기 위해 매우 중요한 진찰방법이다. 즉, 진단이 애매한 반점이나 구진성 병변이 있는 경우 가볍게 피부를 양쪽으로 스트레칭시키면 여드름의 경우 숨겨진 폐쇄면포가 쉽게 관찰될 수 있다.

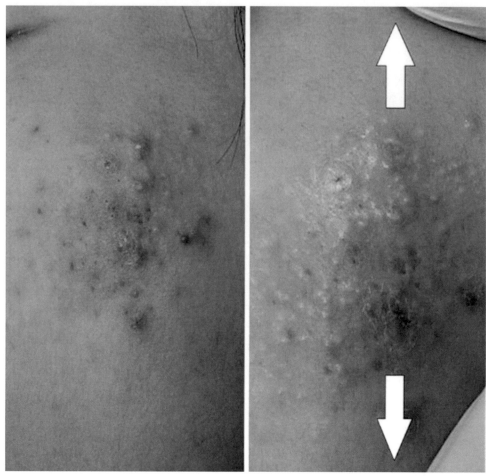

사진 3-(1)-5. 여드름의 진단 시 폐쇄면포의 존재를 확인하기 위해 피부를 양쪽으로 당겨보는 촉진법으로, 육안으로 보이지 않던 피부 속에 숨어 있는 폐쇄면포가 수없이 많이 발견된다.

폐쇄면포(또는 개방면포)는 미세한 모발을 함유하고 있는 경우가 흔하지만, 면포 내부에 성숙털(terminal hair)를 함유하고 있는 경우는 드물며, 이는 성숙털을 통해 피지와 각전이 배출되어 면포 발생이 억제되기 때문이다.

C. 개방면포(Open comedones, black head)

개방면포는 각질과 피지의 축적으로 모낭 입구 쪽 부분이 확장되어 생긴 병변이다. 즉, 각질세포와 피지 등으로 구성된 각화성 각전에 의해 모낭이 막히면서 폐쇄면포를 형성하게 되는데 폐쇄면포는 모피지 모낭의 입구가 정상 크기이지만, 넓어지면 개방면포가 된다. 각전은 외부로부터 먼지나 오염물 등이 흡착되어 생긴 것이 아니라, 모낭 상피의 각화 과정의 산물과 피지샘으로부터 유래된 피지가 함께 혼합되어 있으며, 멜라닌의 산화 작용에 의해 노출 부위가 검게 나타나므로 흑두(black head)로 불린다.

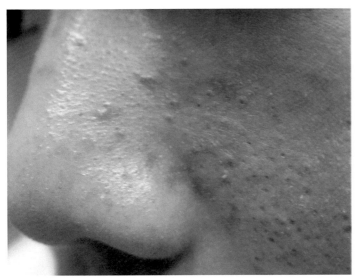

사진 3-(1)-6. 개방면포의 양상

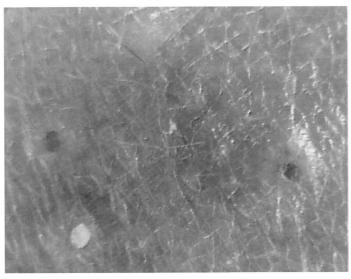

사진 3-(1)-7. 개방면포의 60배 확대 사진

D. 대면포(Macrocomedones)

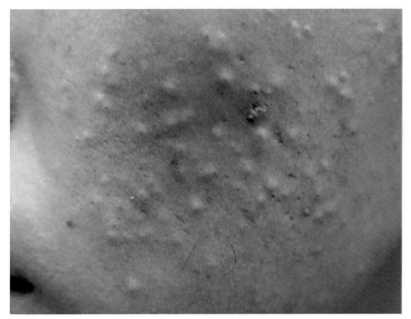

사진 3-(1)-8. 대면포의 양상

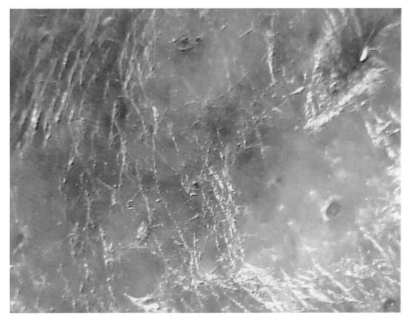

사진 3-(1)-9. 대면포의 60배 확대 사진

대면포는 1mm 크기 이상의 폐쇄면포나 개방면포를 말하는데, 거의 3~4mm 이상의 크기를 나타내며 개방면포보다는 폐쇄면포에서 더욱 빈번히 발생한다. 하지만 대면포로 진행하는 면포의 내인성 형성을 촉발하는 기전에 대해서는 아직 명확히 밝혀져 있지 않다. 대면포는 미용상의 문제를 야기시키며, 특히 이소트레티노인을 복용하는 경우 치료에 저항하거나 일시적인 염증성 악화를 초래할 수 있다는 점이 치료를 받아야할 이유가 된다.

대면포는 피부 깊숙이 있기 때문에 세심한 시진을 하지 않으면 잘 진단하지 못할 수 있으므로, 적절한 조명 아래 피부를 위아래나 좌우로 스트레칭하면 대면포를 정확히 진단할 수 있다. 국소 레티노이드는 효과가 적으며, 권장되는 치료로는 병변에 열손상을 가하는 소작법과 CO_2 레이저 치료가 효과적이다. 또한, 대면포의 존재는 경구 이소트레티노인 치료에 느리고 좋지 않은 반응을 보이는 원인이 되므로, 약 처방을 받기 위해 방문할 때마다 제거해주는 것이 좋다고 보고되고 있다.

E. 기타 면포(Miscellaneous comedones)

여드름의 비염증성 병변으로 미세면포, 폐쇄면포, 개방면포, 대면포 외에도 또 다른 여러 종류의 면포가 존재한다.

a. 샌드페이퍼면포(Sandpaper comedones)

샌드페이퍼면포는 유난히 작은 폐쇄 면포들이 조밀하게 존재하여 마치 피부가 사포처럼 까칠까칠한 느낌을 주게 된다. 샌드페이퍼면포는 주로 이마와 뺨에 호발하는데, 가끔 작은 염증성 병변으로 발전하며, 치료가 쉽지 않은 병변이다. 경구 항생제나 국소 레티노이드에 효과가 적거나 유동적이어서, 경구 이소트레티노인의 사용이 권장된다.

b. 서브마린면포(Submarine comedones)

서브마린면포는 깊숙이 존재하여 쉽게 진단되지 않는 드문 유형의 병변이지만, 놀랍게도 큰 경우가 많아서, 때로는 그 크기가 1cm에 달하기도 한다. 레이저 치료나 소작법과 같은 국소적인 제거 요법을 시행하지 않으면, 드물게 반복적인 염증성 병변의 포커스로서 존재하게 된다. 염증은 서브마린면포의 숫자에 따라 단일 결절이나 다수의 결절 형태로 나타난다. 쉽게 놓칠 수 있는 병변이므로, 반드시 피부를 당겨서 세

심히 진찰하여야 한다. 볼에 있는 서브마린면포를 진단하기 위해서는 환자의 혀를 환측의 구강 점막 쪽으로 위치시켜 숨어있는 병변을 찾을 수 있다.

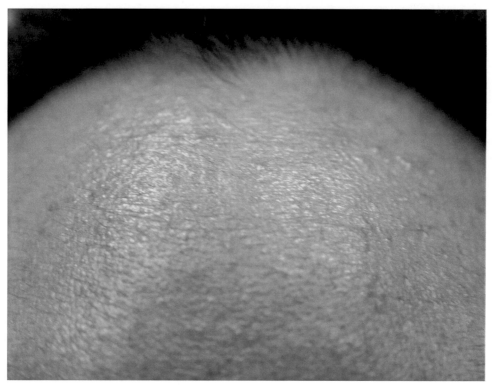

사진 3-(1)-10. 샌드페이퍼면포의 양상

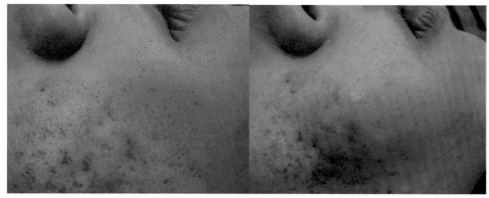

사진 3-(1)-11~12, 볼에 있는 서브마린면포를 진단하기 위해 환자의 혀를 환측의 구강 점막 쪽으로 위치시켜 숨어 있는 서브마린면포를 찾는 방법

c. 약물유발성 면포(Drug-induced comedones)

코르티코스테로이드나 동화성 스테로이드에 의해 면포가 유발될 수도 있다. 그리고 비록 매우 드물지만 미노사이클린 유발 색소침착에 의해 'blue comedones'가 나타날 수 있다. 약물유발성 면포의 치료는 원인 약물의 중지와 국소 레티노이드 또는 국소적인 면포추출술에 의한다.

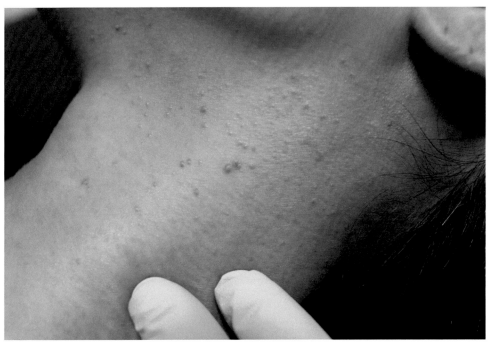

사진 3-(1)-13. 스테로이드제의 사용으로 유발된 약물유발성 면포

d. 염소여드름 면포(Chloracne comedones)

염소여드름은 수많은 면포가 그 특징이다. 실로 면포성 여드름이 이 질환의 전형적 특징이며, 염증성 병변은 덜 흔하다. 염증화된 병변은 경구 항생제나 국소 과산화벤조일을 사용한다. 면포는 경구 또는 국소 레티노이드에 반응이 좋지 않으므로, 소작술이나 레이저시술을 시행한다.

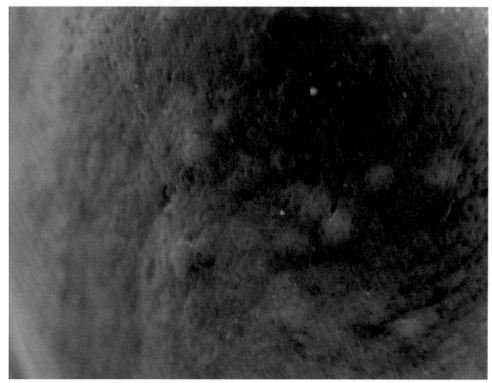

사진 3-(1)-14. 염소여드름 면포

e. 모반성 면포(Nevoid comedones)

모반성 면포는 드물게 발견되지만, 주로 사춘기 무렵에 주로 나타난다. 병변은 전형적인 융합성 면포 또는 폐쇄면포로, 보통 비대칭성으로 발생한다. 국소적으로 나타나지만, 경우에 따라서는 산발적으로 넓게 퍼지기도 한다. 치료는 매우 어렵다. 경구 및 국소 레티노이드에 대한 반응은 실망스러우며, 물리적 치료에도 반응하지 않는다. 병변이 국소화되어 있는 경우는 소작술, 절제술 및 CO_2 레이저 치료가 시도되지만, 광범위한 범위의 병변을 가진 환자의 경우는 만족스러운 해결 방법이 아직 없다.

f. 응괴성 면포(Conglobate comedones)

응괴성 면포는 심한 결절성 염증과 흉터로 특징지어지는 광범위한 몸통의 여드름을 가진 남성에게 많이 나타난다. 이 질환의 전형적인 특징은 그룹지어 있는 면포들이다. 면포는 폐쇄면포, 개방면포이거나 혼합되어 있는 경우가 많다. 좋은 결과를 보이는 치료 방법이 제시되지 않고 있으며, 어떤 치료법을 사용하더라도 경험적으로 결과가 만족스럽지 않은 경우가 많다.

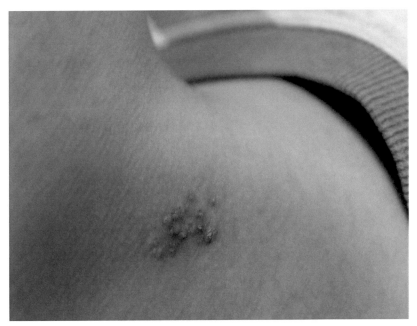

사진 3-(1)-15. 모반성 면포

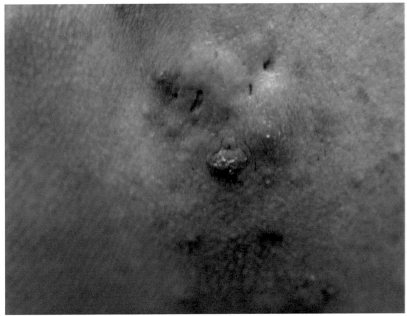

사진 3-(1)-16. 응괴성 여드름의 후유증

(2) 염증성 여드름 병변

염증성 병변은 표재성 병변과 심재성 병변으로 구분할 수 있는데, 많은 병변들이 비염증성 병변에서 기원한다. 이러한 염증성 병변은 표재성의 작은 구진이나 농포(고름물집)의 형태로 존재하거나, 심재성의 결절이나 농포의 형태로 나타나게 되고, 심한 경우 굴길(sinus tracts)이 발생하기도 한다. 염증 반응을 유발하는 역할은 여드름균이 하게 되는데, *P. acnes*가 분비하는 화학주성인자와 더불어 보체 활성화에 의해 모낭 주위로 유입된 호중구에서 분비되는 가수분해효소, 반응성 산소종 및 각질형성세포에서 분비하는 전구 염증성 사이토카인 등이 복합적으로 관여하고 있다.

이러한 염증반응에 있어서 특히 폐쇄면포는 쉽게 모낭벽이 얇아지고 파괴되기 때문에 내용물이 진피 내부로 유출되는데, 염증성 병변은 조직학적으로 급성 모낭염과 동일한 양상을 나타낸다. 병리조직소견에서 구진 병변은 모낭 주위에 주로 림프구의 침윤을 보이며, 농포와 결절은 모낭벽이 파열되어 면포 내용물이 진피 내로 유출되면서 호중구의 응집이 작고 표재성이면 농포가 되고, 호중구의 응집이 크고 심재성이면 결절이 된다. 이때 호중구 외에 단핵구와 이물거대세포도 침윤된다.

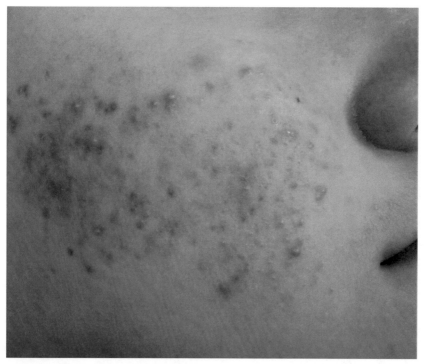

사진 3-(2)-1. 표재성 농포의 양상

A. 표재성 염증 병변

표재성 병변은 직경 5mm 이하의 구진과 농포의 형태로 나타나며, 홍반을 보이거나 고름이 관찰된다. 홍반성 농포는 염증성 병변 중에서 활동성의 초기 병변이며, 홍반이 없고 황색의 고름이 더 많이 존재하는 경우는 비활동성 병변에 해당한다. 전형적인 보통여드름의 경우 면포가 주된 병변이지만, 진행되어 염증성 병변이 생기는 경우는 구진과 농포가 주된 병변이다. 일반적으로 농포는 입구에 고름이 관찰되는 염증성 병변을 말하지만, 초기에는 고름이 잘 관찰되지 않아 구진성 농포로 불리며, 대부분 이러한 표재성 병변으로서의 구진과 농포는 함께 동반되어 나타나게 된다.

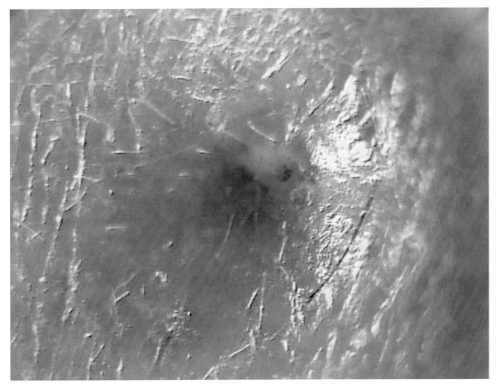

사진 3-(2)-2. 표재성 농포의 60배 확대 사진

B. 심재성 염증 병변

심재성 병변은 주로 진피 하방에 깊게 존재하는 병변으로서 결절이나 심재성 농포의 형태로 나타난다. 결절은 5~10mm의 소결절과 1cm 이상의 대결절로 분류하는데, 2~3cm 이상의 큰 직경을 갖는 심재성 병변이 나타나기도 한다. 초기 상태의 결절은 촉진 시 딱딱하고 아프며, 붉은 색의 병변을 보인다. 시간이 점차 경과함에 따라 부드러워지고 말랑말랑해지며, 덮고 있는 피부가 벗겨지면서 하부로부터 출혈성 가피가 나타날 수 있다.

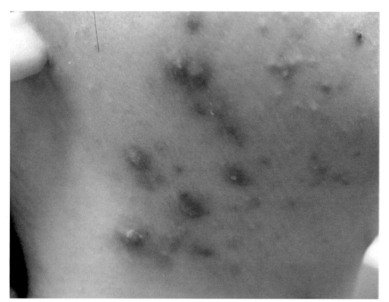

사진 3-(2)-3. 심재성 농포의 양상

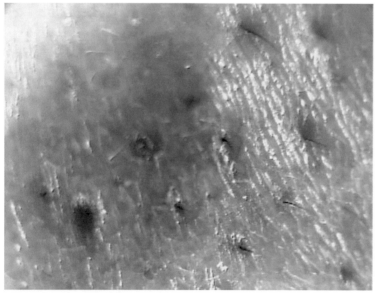

사진 3-(2)-4. 심재성 농포의 60배 확대 사진

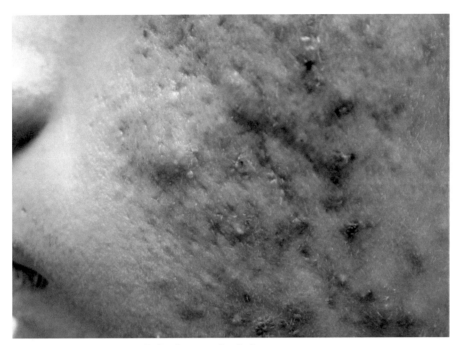

사진 3-(2)-5. 심재성 결절 및 농포의 양상

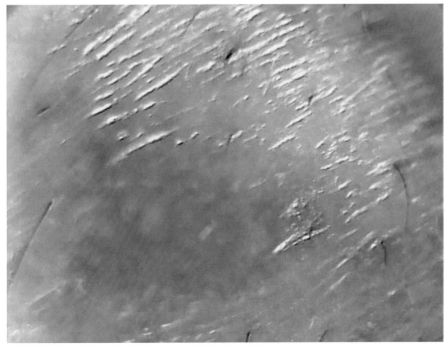

사진 3-(2)-6. 심재성 결절 및 농포의 60배 확대 사진

  심재성 농포는 일반적으로 부드럽고 1cm 이상의 크기를 나타내게 된다. 이러한 심재성의 농포는 결절성 병변이 진행되면서 발생하지만, 때로는 작은 염증성 농포에서 시작되기도 한다. 또한, 드물게는 결절보다 조기에 파열되면서 고름이 배출되고 출혈성 가피가 나타나기도 한다. 드물게는 혈액이 고여 있는 병변도 발견될 수 있다. 보통여드름에서 관찰되는 낭종은 상피로 둘러싸여 있지 않아서 진성의 낭종은 아니므로, 요즘은 '거짓낭'으로 불린다.

  깊은 농포성 병변이 심해지면서 더러는 염증성 종괴 주위로 상피세포가 증식하여 서로 연결되는 굴길이 형성되는데, 두 개의 결절이 융합하여 아령 모양을 보이게 된다. 이러한 병변은 대단히 치료가 어렵고 재발이 잘 되므로 병변은 치유된 후에 흔히 영구적인 반흔을 남기게 된다. 그러므로 최근에는 심재성 여드름 병변과 흉터에 대해 피부의 초음파검사나 자동화된 시스템에 의한 진단 및 분류가 활발히 진행되고 있다.

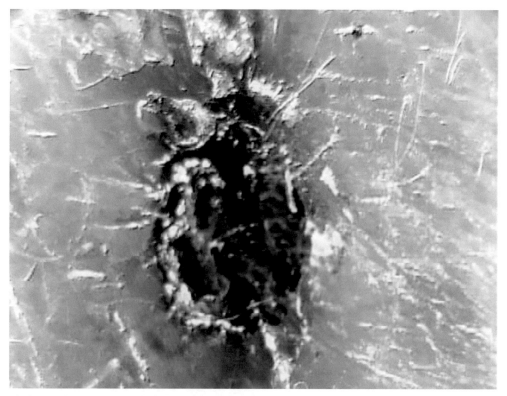

사진 3-(2)-7. 출혈성 가피의 60배 확대 사진

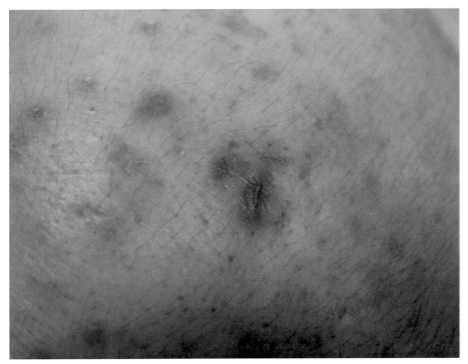

사진 3-(2)-8. 혈액이 고여있는 병변

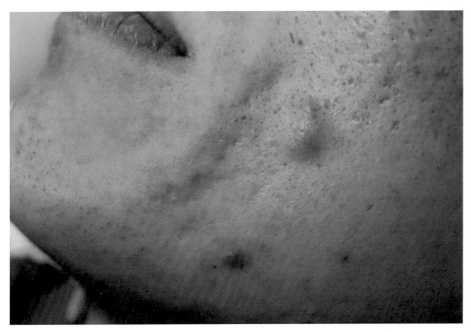

사진 3-(2)-9. 낭종(거짓낭)

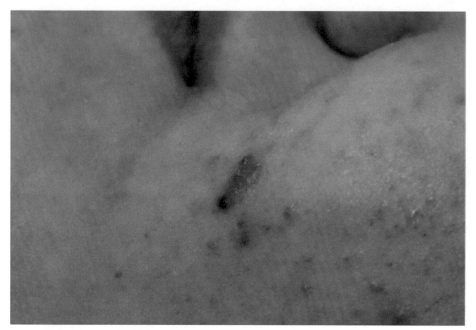

사진 3-(2)-B-10. 굴길 형성

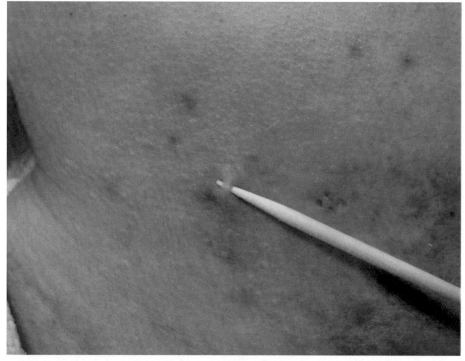

사진 3-(2)-B-11. 심재성 염증의 후유증으로 발생된 병변

참고문헌

1. 노영석, 서대현, 유동수, 이성열, 심우영, 이원수, 이동윤, 박현정. 피부부속기질환. In: 대한피부과학회 교과서 편찬위원회. 피부과학. 제6판. 도서출판 대한의학 2014: 528-36.

2. 노주영, 신용우, 김수남. Propionibacterium acnes가 여드름의 염증반응에 미치는 영향에 관한 연구. 고려대 의대 잡지 1991; 28 (3): 879-93.

3. 박미경, 박귀영, 김범준, 김명남, 김정환, 고현주, 박원석. 각질형성세포와 피지세포 공생배양을 통한 여드름 발생 실험 모델 연구. 대한피부과학회지 2011; 49 (12): 1057-63.

4. 신경훈, 이혜숙, 김관철. 피지 생성과 여드름. 한국피부장벽학회지 2008; 10 (1): 56-60.

5. 안성구, 성열오, 송중원. 여드름바이블: 진단과 치료. 도서출판 진솔. 2006: 94-103.

6. 정종영. 임상적 피부관리. 도서출판 엠디월드. 2010: 1070-5.

7. 홍승필, 한병관, 정병조, 배영우, 최응호. 여드름 환자의 얼굴에서 피지량, 여드름 병변수, 모공 형광밀도와의 상관 관계. 대한피부과학회지 2007; 45 (9): 890-7.

8. 한정현, 윤숙정, 이지범, 김성진, 이승철, 원영호. 염증성 여드름 환자에서 분리된 세균의 분석과 임상적인 상관관계. 대한피부과학회지 49 (8): 676-82.

9. Archer CB, Cohen SN, Baron SE. Guidance on the diagnosis and clinical management of acne. Clin Exp Dermatol 2012; 37(s1): 1-6.

10. Blair C, Lewis CA. The pigment of comedones. Br J Dermatol 1970; 82 (6): 572-83.

11. Cunliffe WJ, Holland DB, Clark SM, Stables GI. Comedogenesis: some new aetiological, clinical and therapeutic strategies. Br J Dermatol 2000; 142 (6): 1084-91.

12. Feldman S, Careccia RE, Barham KL, Hancox J. Diagnosis and treatment of acne. Am Fam Physician 2004; 69 (9): 2123-30.

13. Gibson JR, Harvey SG, Barth J, Darley CR, Reshad H, Burke CA. Assessing inflammatory acne vulgaris--correlation between clinical and photographic methods. Br J Dermatol 1984; 111 Suppl 27: 168-70.

14. Jeremy AH, Holland DB, Roberts SG, Thomson KF, Cunliffe WJ. Inflammatory events are involved in acne lesion initiation. J Invest Dermatol 2003; 121 (1): 20-7.

15. Lavker RM, Leyden JJ, McGinley KJ. The relationship between bacteria

and the abnormal follicular keratinization in acne vulgaris. J Invest Dermatol 1981; 77 (3): 325-30.

16. McGinley KJ, Mills OH. Microbiology of comedones in acne vulgaris. J Invest Dermatol 1973; 60 (2): 80-3.

17. Motoyoshi K. Enhanced comedo formation in rabbit ear skin by squalene and oleic acid peroxides. Br J Dermatol 1983; 109 (2): 191-8.

18. Lim YL, Chan YH. Pruritus is a common and significant symptom of acne. J Eur Acad Dermatol Venereol 2008; 22 (11): 1332-6.

19. Puhvel SM, Sakamoto M. A reevaluation of fatty acids as inflammatory agents in acne. J Invest Dermatol 1977; 68 (2): 93-7.

20. Purdy S, Deberker D. Acne vulgaris. Clin Evid (Online) 2008; 2008: 19450306.

21. Saint-Leger D, Bague A, Lefebvre E, Cohen E, Chivot M. A possible role for squalene in the pathogenesis of acne. II. In vivo study of squalene oxides in skin surface and intra-comedonal lipids of acne patients. Br J Dermatol 1986; 114 (5): 543-52.

22. Kaya TI, Tursen U, Kokturk A, Ikizoglu G. An effective extraction technique for the treatment of macrocomedones. Dermatol Surg 2003; 29: 741-4.

23. Patwardhan SV, Kaczvinsky JR, Joa JF, Canfield D. Auto-classification of acne lesions using multimodal imaging. J Drugs Dermatol 2013; 12 (7): 746-56.

24. Robertson KM. Acne vulgaris. Facial Plast Surg Clin North Am 2004; 12 (3): 347-55.

25. Stein Gold LF. What's new in acne and inflammation? J Drugs Dermatol 2013; 12 (6): s67-9.

26. Vilanova X. [HISTOPATHOLOGY OF ACNE VULGARIS. THE PRIMARY LESION. COMEDO]. Actas Dermosifiliogr 1964; 55: 719-42.

27. Wortsman X, Claveria P, Valenzuela F, Molina MT, Wortsman J. Sonography of acne vulgaris. J Ultrasound Med 2014; 33 (1): 93-102.

제4장. 여드름의 진단

피부과 진료를 하지 않는 의사 선생님들에게도 진료받던 환자가 불쑥 이런 질문을 할 수 있다. "원장님! 요새 얼굴에 자꾸 뭐가 나는데, 여드름인가요? 아님 화장품을 잘못 써서 그런가요?" 이런 질문을 받고 환자의 얼굴을 보며 아무 생각이 안 나고 머릿속이 하얘지는 느낌이어서는 곤란하다. 둘 중에 뭐라고 답할 것인가? 잘못 얘기하면 금방 들통날 거고, 그러면 그간 환자와 쌓아 왔던 신뢰 관계가 무너질 수 있으니 이를 어째?

여드름의 움직일 수 없는 증거는 면포의 존재이다.

면포를 죽자 살자 찾아야 한다. 그게 있으면 여드름이고, 없다면 다른 병명을 붙여야 할 것이다. 여드름은 주로 얼굴(99%)에 나타나며, 그보다 덜하지만 등(60%)과 가슴(15%) 등에도 발생한다. 보통 매우 간단히 임상적으로 진단할 수 있다.

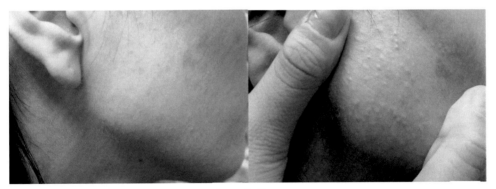

사진 4-1. 여드름의 진단(폐쇄면포 찾는 방법)

여드름은 특징적인 면포와 홍반성 구진, 농포, 결절, 거짓낭, 흉터 등의 병변이 피지 분비가 많은 부위인 얼굴이나 목, 등, 어깨, 가슴에 나타나므로 특별한 검사 없이도 육안 진찰로 진단할 수 있다. 하지만 심한 여드름을 보이며 생리 주기가 불규칙하고 남성형 털과다증, 굵은 목소리를 동반한 여성의 경우에는 고안드로겐증을 의심해야 하며 선천부신과다형성, 난소종양, 부신종양, 다낭난소증후군 등의 남성화 종양이 있을 때 나타날 수 있으므로 세심한 문진과 검사가 필요하다. 여드름을 진단하는데 있어서 여드름의 명확한 증거는 면포의 존재이므로, 감별진단을 위해서 면포의 유무를 정확하게 가려낼 수 있어야 한다. 얼굴의 피부 병변에 대한 자세하고 꼼꼼한 시진이 이루어지지 않으면 여드름의 확실한 증거에 해당하는 병변인 면포, 특히 폐쇄면포의 존재를 놓칠 수 있으며, 그러한 경우 부적절한 치료가 시작될 가능성이 크다.

사진 4-2. 확대경을 이용한 여드름의 진단

육안 진찰만으로 정확한 진단이 어려운 경우는 확대경이나 디지털 확대영상장치를 이용하면 특징적인 면포의 존재를 피부의 확대를 통해 확인할 수 있다. 또한, 피부를 잡아당겨 보는 촉진법은 비염증성 여드름 병변을 진단하기 위해 꼭 필요한 진찰 방법으로, 진단이 애매한 반점이나 구진성 병변이 있는 경우 가볍게 피부를 양쪽으로 잡아당겨 보면 여드름의 경우 숨겨진 폐쇄면포가 쉽게 관찰될 수 있다. 하지만 면포가 여드름의 특징적인 병변임에도 불구하고, 때로는 면포모반, 파브르-라코초증후군 등에서 나타날 수 있고, 농포의 속발진으로 나타날 수 있다는 점도 감별진단에 고려되어야 한다.

사진 4-3. 디지털 확대영상장치를 이용한 여드름의 진단

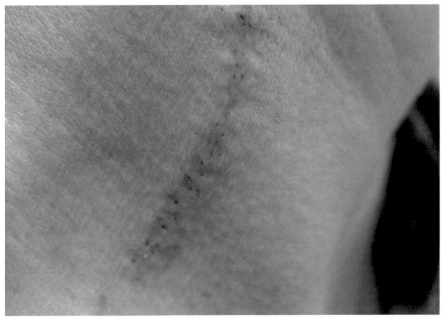

사진 4-4. 면포모반

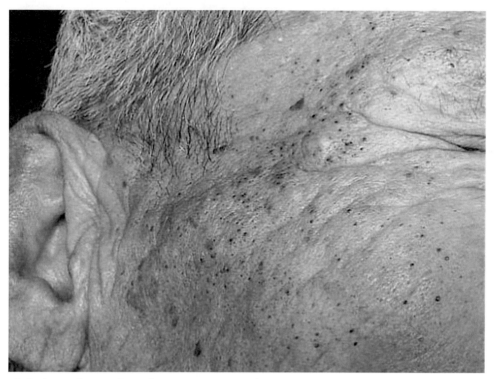

사진 4-5. 파브르-라코초(Favre-Racouchot)증후군

우드등을 여드름 환자의 진단에 보조적으로 이용할 수 있다. 여드름 환자의 얼굴을 우드등으로 검사하면 *P. acnes*에 의해 생성되는 포르피린 때문에 모낭 내 형광이 관찰된다. 즉, 우드등으로 기름지고 모공이 넓은 피부를 보면 모공에 점점이 오렌지색 또는 적색의 모공성 형광이 발견된다. 여드름 치료와 관련하여 항생제 등의 치료 후에 *P. acnes*가 감소하면 형광의 명확한 색조가 감소함을 알 수 있다. 우드등 검사에서 나타나는 오렌지-레드색 형광은 염증성 병변이나 낮은 피지량의 경우보다는 비염증성 병변(면포)과 높은 피지량과 더 밀접한 연관성을 보이며, 특히 여드름 환자나 여드름성 피부에 있어서 치료 효과를 객관적으로 평가하거나 모니터링하는 데 도움이 된다.

또한, 여드름 진단 및 치료 효과 판정에 있어서 피부형광 진단기기의 임상적 유용성을 평가하기 위한 국내연구에서 여드름 병변에 시행한 형광 검사상, 비염증성 병변인 면포에서는 주로 적색 형광이, 염증성 병변인 구진과 농포에서는 각각 녹색 형광이 주로 나타나며, 형광의 색과 *P. acnes*의 배양률 사이에는 통계학적 유의한 차이는 없었지만, 형광의 크기가 클수록 배양된 세균의 수가 많았다고 보고되었다. 이러한 휴대용 디지털 피부형광 진단기기는 향후 형광의 색을 결정하는 요인에 대한 분자생물학적인 추가 연구가 이루어질 경우, 여드름 환자의 진단과 치료 판정에 균배양검사를 대신할 수 있는 유용한 기기가 될 것으로 보고된 바 있다.

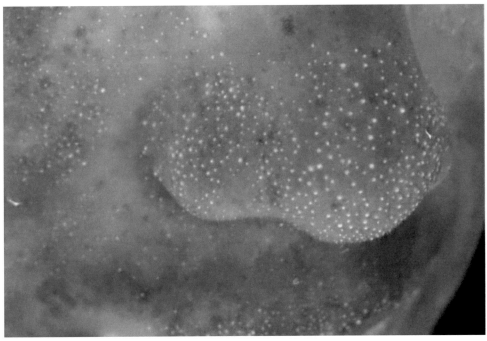

사진 4-6. 우드등 검사로 여드름 환자의 모공에서 관찰되는 오렌지-레드색 형광

여드름 환자에 대한 정확한 진단과 효과적인 치료를 위해서 여드름 발생 부위에 대한 사진 촬영이 필수적이다. 환자나 의사가 예전에 방문했던 환자의 여드름 상태를 기억하여 현재의 상태와 비교하는 것은 불가능하다. 그러므로 환자가 내원할 때마다 반복해서 사진을 찍어 두는 것이 중요하며, 이러한 임상 사진은 여드름 환자에 대한 정확한 진단과 최적의 치료 지침을 결정하는 데 많은 도움이 된다.

그간 여드름의 중증도 평가는 백인들을 기준으로 한 것을 사용해 왔으나, 2004년 한국인의 피부색을 고려하여 한국형 여드름 중증도 시스템(Korean acne grading system, KAGS)이 개발된 후 편리하게 이용되고 있다. KAGS는 6등급으로 나누는데, 1등급은 구진 10개 이하, 2등급은 구진 11~30개, 3등급은 구진 31개 이상 또는 결절 10개 이하, 4등급은 결절 11~20개, 5등급은 결절 21~30개, 6등급은 결절 31개 이상인 경우로 분류한다.

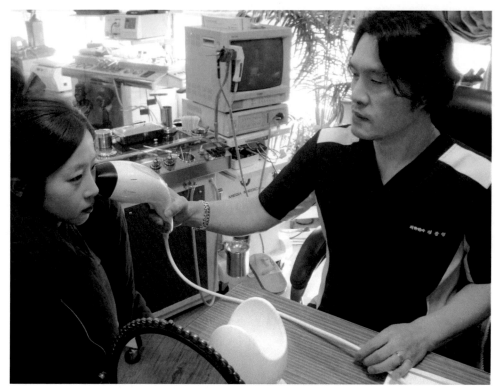

사진 4-7. 휴대용 디지털 피부형광 진단기기

참고문헌

1. 고석신(역) 외. 임상 얼굴분석. 도서출판 엠디월드 2010: 16-7.

2. 김영훈, 최태열, 배수진, 강욱, 노영석. 여드름 환자에서 휴대용 디지털 피부형광 진단기기의 임상적 유용성에 관한 연구. 대한피부과학회지 2008; 46 (7): 889-95.

3. 김진우, 이철헌. 피부의 증상, 징후와 진단. In: 대한피부과학회 교과서편찬위원회. 피부과학. 제6판. 도서출판 대한의학 2014: 51.

4. 노영석, 서대헌, 유동수 등. 피부부속기질환. In: 대한피부과학회 교과서편찬위원회. 피부과학. 제6판. 도서출판 대한의학 2014: 528-35.

5. 성경제, 노영석, 최응호, 오정준, 이주흥, 김선우, 김낙인. 한국형 여드름 중증도 시스템. 대한피부과학회지 2004; 42 (10): 1241-7.

6. 안성구, 성열오, 송중원. 여드름바이블: 진단과 치료. 도서출판 진솔 2006: 94-5.

7. Archer CB, Cohen SN, Baron SE. Guidance on the diagnosis and clinical management of acne. Clin Exp Dermatol 2012; 37 Suppl 1: 1-6.

8. Beylot C, Chivot M, Faure M, Pawin H, Poli F, Revuz J, Auffret N, Moyse D, Dréno B, Groupe Expert Acné. Inter-observer agreement on acne severity based on facial photographs. J Eur Acad Dermatol Venereol 2010; 24 (2): 196-8.

9. Cook CH, Centner RL, Michaels SE. An acne grading method using photographic standards. Arch Dermatol 1979; 115: 571-5.

10. Dobrev H. Fluorescence diagnostic imaging in patients with acne. Photodermatol Photoimmunol Photomed 2010; 26 (6): 285-9.

11. Feldman S, Careccia RE, Barham KL, Hancox J. Diagnosis and treatment of acne. Am Fam Physician 2004; 69 (9): 2123-30.

12. Hayashi N, Suh DH, Akamatsu H, Kawashima M, Acne Study Group. Evaluation of the newly established acne severity classification among Japanese and Korean dermatologists. J Dermatol 2008; 35 (5): 261-3.

13. Ramli R, Malik AS, Hani AF, Jamil A. Acne analysis, grading and computational assessment methods: an overview. Skin Res Technol 2012; 18 (1): 1-14.

14. Rizova KA. New photographic techniques for clinical evaluation of acne. J Eur Acad Dermatol Venereol 2001; 15: 13-8.

15. Tan K. Current measures for the evaluation of acne severity. Expert Rev Dermatol 2008; 3: 595-603.

16. Witkowski JA, Parish LC. The assessment of acne: an evaluation of grading and lesion counting in the measurement of acne. Clin Dermatol 2004; 22: 394-7.

제5장. 여드름의 중증도 평가

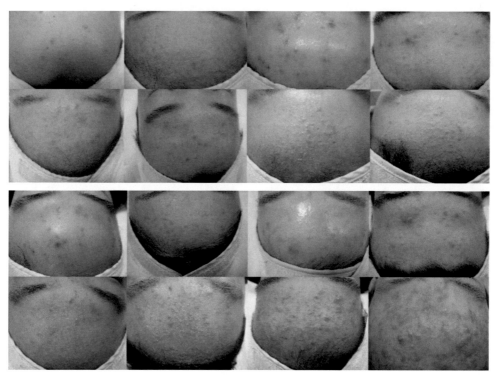

사진 5-1. 여드름 병변의 다양한 임상 양상

여드름 환자나 보호자도 흔히 "내 여드름이 심한 거예요?" "우리 아이 여드름 심한 건 아니죠?" 물어오지만, 의사 입장에서도 진단 및 치료의 지침이 될 수 있는 여드름의 중증도를 평가할 수 있는 표준화된 시스템이 필요한 건 사실이다. 하지만 여드름은 매우 흔한 피부질환임에도 불구하고 면포, 홍반성 구진, 농포, 결절, 거짓낭, 반흔 등 다양한 임상 양상을 나타낼 수 있으며, 병변의 크기나 밀집 상태, 염증의 정도와 질병의 경과 및 치료 반응 역시 매우 다양하여, 포괄적이고 정확하며 편리한 여드름 중증도 평가가 그리 쉽지 않은 실정이다.

1956년 Pillsbury 등에 의해 처음으로 공식적인 여드름 등급 시스템이 발표된 이래, 아직까지도 체계적인 역학, 진단 및 치료를 위한 중증도 평가 시스템이 통일되어

있지 않아 혼란을 주고 있으며, 최근까지 문헌상 발표된 여드름 중증도 평가 방법만
도 25개 이상의 각기 다른 등급 분류 방식이 존재한다. 또한, 이상적인 중증도 평가
시스템은 정확성, 재현성, 편의성을 고루 갖추어야 하며, 대상 환자군의 임상적, 역학
적 특성을 잘 반영하여야 하나, 그간 사용되어 온 중증도 시스템은 대부분 백인을 기
준으로 한 것이므로 실제 우리나라 여드름 환자들의 임상, 역학, 피부색 등을 고려하
지 않아 우리 실정에 잘 맞지 않는다는 지적이 있었다. 그래서 2004년 국내에서는
한국인의 임상 및 역학적 특성을 반영하고 피부색의 특징을 고려한 한국형 여드름 중
증도 시스템이 개발된 바 있다.

Grade	Description
Grade 1	Comedones and occasional small cysts confined to the face
Grade 2	Comedones with occasional pustules and small cysts confined to the face
Grade 3	Many comedones and small and large inflammatory papules and pustules, more extensive but confined to the face
Grade 4	Many comedones and deep lesions tending to coalesce and canalize, and involving the face and the upper aspects of the trunk

표 5-1. 문헌상 최초의 여드름 등급 기준(Pillsbury DM, Shelley WB, Kligman
AM. Dermatology. Philadelphia, PA: WB Saunders 1956: 810)

그간 발표된 여드름의 중증도 평가 시스템에는 표준 사진을 이용한 방법, 실제 환자
의 병변을 계수하는 병변 계수 방법 및 기술된 기준을 이용하여 분류하는 포괄적 평
가 방법이 있다.

1. 표준 사진을 이용한 방법

표준 사진을 이용하는 방법은 신속하고 편리하기는 하지만 표준 사진이 실제 병변을
얼마나 정확히 반영하는가가 문제가 되며, 특히 우리나라 사람들과 같이 갈색 피부에
서는 면포나 홍반이 잘 표현되지 않을 수 있다는 지적이 있다. 또한, 현재 통용되는
표준 사진은 대부분 백인을 대상으로 한 것으로 한국인에 많은 갈색 피부의 표준 사
진이 없다는 점도 단점이다.

2. 병변 계수 방법

직접 병변을 계수하는 방법은 여드름 병변을 일일이 세어야 하므로 편이성과 효율성이 떨어지고 숙련 정도에 따라 계수의 재현성에 문제점이 있다. 또한, 정확한 계수가 가능하더라도 어떤 병변을 계수하고 어떤 병변은 제외할 것인가? 어떤 병변에 가중치를 둘 것인가? 등 복잡한 문제가 야기된다.

3. 포괄적 평가 방법

포괄적 평가 방법은 몇 가지 기준으로 중증도를 3 내지 4로 등분하는 방법으로, 대개 질적 기술로 등급이 정의되는 경우가 많아 편리하긴 하지만, 등급의 정의가 다소 모호하다는 문제점이 있다. 또한, 포괄적 평가의 주종을 이루는 3~4등급 시스템은 여드름의 다양한 임상 양상을 모두 포함하기에는 지나치게 단순화된 평가 방법이라는 지적이 있으며, 일부 세분된 등급을 가진 평가 방법의 경우 너무 복잡하면서도 평가자 간의 불일치로 인해 실제 임상 적용에는 적합하지 않다는 문제가 있다.

현재 나라에 따라, 보고자에 따라 다양한 여드름 등급의 구분 방법이 제시되고는 있지만, 일반적으로는 여드름을 경증, 중등도, 중증의 3단계로 흔히 구분할 수 있다. 경증(mild) 여드름은 대부분의 병변이 면포로 구성되며 가끔 구진과 농포가 동반된다. 중등도(moderate) 여드름은 경증에 비해 염증성 병변이 흔히 존재하며 상대적으로 표재성의 구진농포성 병변이 관찰되고 주위에 면포가 동반될 수도 있고 반흔을 남길 수도 있다. 중증(severe) 여드름은 정도가 심하고 심재성의 염증성 병변이 다수 존재하며 구진, 농포, 결절, 거짓낭 때로는 농양이 발생하기도 하고 굴길, 비대흉터, 켈로이드가 흔히 동반될 수 있다.

국내에서는 2004년 국내 5개 의과대학(경희의대, 성균관의대, 울산의대, 원주의대, 한양의대 피부과)이 공동으로 각 병원에서 모집한 250명의 여드름 환자를 대상으로 한국인 여드름의 특성을 연구해서 한국형 여드름 중증도 시스템(Korean Acne Grading System, KAGS)을 개발했다. 한국형 여드름 중증도 시스템에 의한 한국인 여드름 진단기준은 얼굴에 발생한 병변(구진, 결절, 반흔 등)의 개수와 형태에 따라 크게 6단계로 나누었으며, 표준 사진과 자세한 기준을 병용하여 대학병원과 일차의료기관에서 함께 사용할 수 있도록 했다. 특히 각 등급에 해당하는 한국인 표준 사진 및 기준 병변의 범주형 기준을 병행하여 제시함으로써 한국인에서의 적용의 편이성, 명확성, 객관성을 모색하였고, 치료 효과의 판정에 활용이 가능하도록 만들어졌다.

먼저 초기 단계인 1등급은 지름 5mm 이내의 구진이 10개 이하인 상태이다. 2등급은 11~30개 사이의 구진이 있으며, 3등급은 구진 31개 이상과 지름이 5mm 이상인 결절 10개 이하로 구분했다. 4등급은 결절 11~20개(±가벼운 진행성 반흔)이고, 5등급은 결절 21~30개(±중등도의 진행성 반흔)이며, 가장 심한 6등급은 결절 31개 이상(±심한 진행성 반흔, ±굴길)으로 구분 지었다. 참고로, 비염증성 병변인 면포는 사진상의 가시성이 떨어지고 계수 시에 재현성이 떨어지며 치료 반응이 일정하지 않고 직접적으로 반흔을 형성할 가능성이 낮아 기준에서 제외되었다.

등급	기준
Grade 1	구진 10개 이하
Grade 2	구진 11~30개
Grade 3	구진 31개 이상, 결절 10개 이하
Grade 4	결절 11~20개(±가벼운 진행성 반흔)
Grade 5	결절 21~30개(±중등도의 진행성 반흔)
Grade 6	결절 31개 이상(±심한 진행성 반흔, ±굴길)

표 5-2. 한국형 여드름 중증도 시스템(Korean Acne Grading System, KAGS)의 등급과 기준

이러한 여드름 중증도 평가를 위한 시스템은 여드름의 체계적인 역학, 진단 및 치료에 필요할 뿐만 아니라 여드름 치료 약제의 선정 및 효능 판정에 있어서도 매우 중요하며, 임상 시험 결과를 해석하는 데도 도움이 된다. 2009년 한국인의 여드름 특성을 반영한 여드름 중증도 평가 시스템인 KAGS를 이용하여 경구 이소트레티노인의 치료 효과를 살펴본 첫 번째 논문이 발표되었는데, 치료 효과는 KAGS를 이용하여 환자의 여드름 중증도를 점수화하여 객관적으로 비교 분석하였고, 환자 만족도 분석을 통해 주관적 치료 효율성을 살펴보았으며 이러한 치료 효과에 남녀별 차이나 중증도가 영향을 미치는지 조사하였다. 이 연구를 계기로 앞으로 국내 여드름 환자의 역학 및 여드름의 중증도와 삶의 질과의 상관관계, 다양한 치료법들 사이의 치료 효과나 안정성 평가와 치료 후 재발률 비교연구 등 다양한 분야에서 KAGS를 이용한 많은 연구가 이루어질 것으로 기대되고 있다.

참고문헌

1. 고주연, 김낙인, 이주흥, 이준영, 성경제, 노영석. 한국형 여드름 중증도 시스템을 이용한 경구 이소트레티노인(Roaccutane(R))의 여드름 치료 효과 평가 및 환자의 만족도에 대한 연구. 대한피부과학회지 2009; 43 (3): 287-94.

2. 김낙인, 노영석, 문상호, 성경제, 오정준, 최응호, 홍석범, 이주흥. 표준사진을 이용한 한국형 여드름 중증도 분류. 대한피부과학회 초록집 2003; 41 (20): 142.

3. 성경제, 노영석, 최응호, 오정준, 이주흥, 김선우, 김낙인. 한국형 여드름 중증도 시스템. 대한피부과학회지 2004; 42 (10): 1241-7.

4. 최원준, 김광중, 김낙인, 계영철, 서대헌, 이주흥, 김명남, 이은소, 이주희, 노영석. 경증 및 중등도의 한국인 여드름 환자에서 1% Nadifloxacin 크림(Nadixa(R))의 유효성 및 안전성 평가. 대한피부과학회지 2010; 48 (8): 665-71.

5. Adityan B, Kumari R, Thappa DM. Scoring systems in acne vulgaris. Indian J Dermatol Venereol Leprol 2009; 75: 323-6

6. Cook CH, Centner RL, Michaels SE. An acne grading method using photographic standards. Arch Dermatol 1979; 115: 571-5.

7. Doshi A, Zaheer A, Stiller MJ. A comparison of current acne grading systems and proposal of a novel system. Int J Dermatol 1997; 36 (6): 416-8.

8. Dréno B, Poli F, Pawin H, Beylot C, Faure M, Chivot M, Auffret N, Moyse D, Ballanger F, Revuz J. Development and evaluation of a Global Acne Severity Scale (GEA Scale) suitable for France and Europe. J Eur Acad Dermatol Venereol 2011; 25 (1): 43-8.

9. Hayashi N, Akamatsu H, Kawashima M. Establishment of grading criteria for acne severity. J Dermatol 2008; 35 (5): 255-60.

10. Hayashi N, Suh DH, Akamatsu H, Kawashima M. Evaluation of the newly established acne severity classification among Japanese and Korean dermatologists. J Dermatol 2008; 35 (5): 261-3.

11. O'Brian SC, Lewis JB, Cunliffe WJ. The Leeds revised acne grading system. J Dermatol Treat 1998; 9: 215-20.

12. Pillsbury DM, Shelley WB, Kligman AM. Dermatology. Philadelphia, PA: WB Saunders 1956: 810.

13. Ramli R, Malik AS, Hani AF, Jamil A. Acne analysis, grading and computational assessment methods: an overview. Skin Res Technol 2012; 18 (1): 1-14.

14. Rizova KA. New photographic techniques for clinical evaluation of acne. J Eur Acad Dermatol Venereol 2001; 15; 13-8.

15. Tan K. Current measures for the evaluation of acne severity. Expert Rev Dermatol 2008; 3; 595-603.

16. Witkowski JA. Parish LC. The assessment of acne: an evaluation of grading and lesion counting in the measurement of acne. Clin Dermatol 2004; 22; 394-7.

제6장. 여드름 치료의 개요

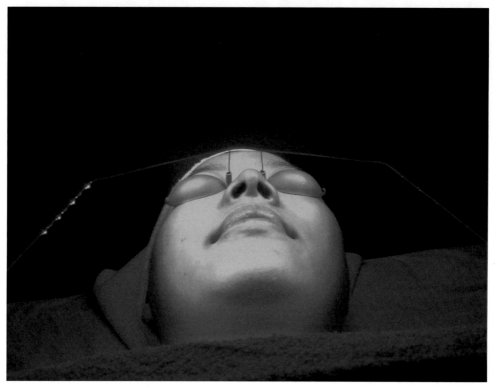

사진 6-1. 여드름 치료

　"여드름의 가장 효과적인 치료법은 무엇인가?"라는 갑작스러운 질문에 대해 답변을 하는 일은 그리 쉽지 않다. 왜냐하면, 환자마다 임상 양상이 각기 다르게 나타나므로 개인별로 치료 방법을 따로따로 적용해야 하기 때문이다. 나이와 관계없이 여드름이 가져다주는 부정적 영향은 매우 심각하다. 여드름이 유발하는 외모 손상에 대한 두려움은 열등감과 위축을 가져와 대인 관계의 회피, 우울증의 결과를 낳게 된다. 아직까지 여드름 치료에 부작용 없고 완벽한 효과를 보이는 단일 치료법은 없다. 하지만 시의적절하게 치료를 하지 않고 방치할 경우에는 흉터와 넓은 모공과 같은 돌이킬 수 없는 후유증과 정신적 상처로 인한 매우 심각한 삶의 질의 손상을 가져오므로 모든 예에서 조기에 개개인에 맞는 적절한 치료를 시행하여야 한다.

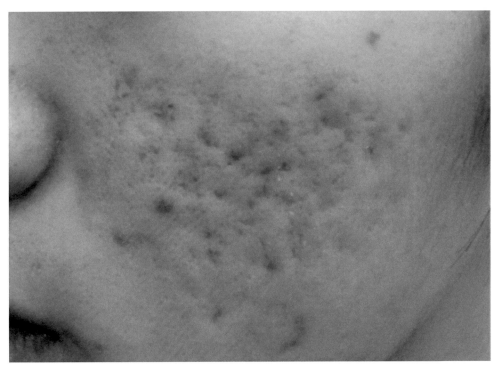

사진 6-2. 여드름 위축성 흉터

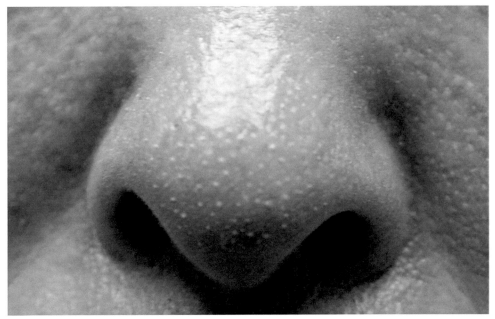

사진 6-3. 화장으로 감추어지지 않는 넓은 모공

여드름 치료를 시작함에 있어서 환자 개개인에 따라 임상 양상이 매우 차이가 크므로, 충분하고 세심한 검토가 있어야 한다. 환자별로 각각 병변의 종류, 심한 정도, 이환 기간, 치료에 대한 과거력, 흉터의 존재 그리고 정신적인 스트레스의 정도 등이 고려되어야 한다. 또한, 약물의 효과, 부작용, 치료비 및 약제비에 대한 고려도 있어야 하겠다.

현재까지 알려지고 있는 여드름의 원인 중 '빅 4'는 피지 분비 증가, 모낭 누두 과다각화, 여드름 세균의 증식 그리고 염증의 발생이며, 여드름의 치료 원칙은 당연히 이러한 여드름의 주요 원인을 없애는 것이다. 원인 치료가 가장 중요함은 불변의 진리이다. 그러므로 피지샘의 기능을 억제하고, 잘못된 모낭 각화를 바로 잡아주며, 여드름세균을 감소시키고, 염증을 억제시키는 것이 바로 여드름 치료의 핵심이 된다. 다양한 약물치료, 물리적인 치료 및 장비를 이용한 시술 등으로 이러한 여드름 발생의 원인들을 없애 주어야 한다.

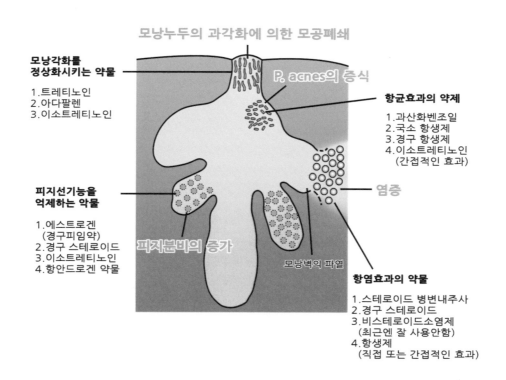

그림 6-4. 여드름 치료 약물의 작용 모드

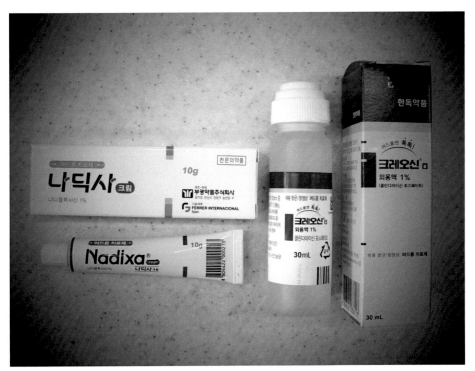

사진 6-5. 여드름에 대한 국소 치료제의 예

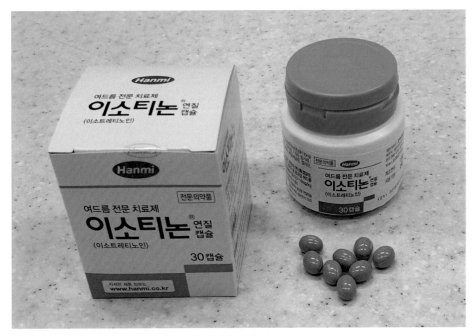

사진 6-6. 여드름에 대한 경구 치료제의 예

1. 약물치료

여드름의 병인은 한 가지가 아니므로 여드름 치료를 위한 약물 요법을 시행함에 있어서 약제의 단독 투여보다는 병합 요법이 더 효율적이다. 병태 생리에 따른 작용 기전이 다를 수 있으므로 서로 보완 작용을 나타낼 것을 기대하기 때문이다. 즉, 부작용을 최소화하고 효과를 극대화하기 위한 치료의 방편인 것이다.

초기 단계의 경증의 여드름이나 면포만 있는 경우는 가능한 국소 도포제로 처음 치료를 시작해야 한다. 이러한 치료에 반응이 없거나 심한 병변의 경우는 경구제의 투여 및 물리적 치료를 시행한다. 즉, 조기에는 면포 용해제인 레티노이드 제품이나 아젤라산 등을 도포한다. 하지만 면포와 구진, 농포가 혼합되어 있는 경증에서는 국소 도포 항생제 및 과산화벤조일, 아젤라산을 사용한다. 중등도 이상의 염증성 병변을 보이는 여드름은 면포 용해제의 국소 도포와 항생제 경구 투여(테트라사이클린계 약물 및 마크롤라이드계 약물 등)로 치료한다.

치료에 잘 반응하지 않는 보통여드름, 심재성 염증 병변, 응괴여드름에는 이소트레티노인을 경구 투여하는 것이 좋으며, 여성에서 안드로겐의 영향이 강한 경우는 항안드로겐제의 경구 투여도 병용할 수 있다.

2. 물리적(외과적) 치료

여드름 치료에 있어서 외과적 시술을 보조적으로 사용하는 것은 19세기경에 쓰여진 피부과 교과서에도 잘 기술되어 있다. 이처럼 오래전부터 여드름의 국소 치료를 위해서 다양한 시술들이 사용되어 왔는데, 면포를 추출하거나 작은 구진 및 농포에 구멍을 내는 시술은 흔히 시행되었던 외과적 치료였다. 또한, 더 큰 염증성 병변에 대한 절개 및 배농, 냉동요법 그리고 간단한 외과적 수술 등이 여드름 치료를 위해 흔히 시행되어 왔었다.

특히 면포의 추출은 여드름 치료에 유익한 전통적인 시술 방법이다. 눈에 보이는 면포가 다 여드름의 말기 병변으로 보일 수 있지만, 이 들 중 많은 수에서 염증성 병변으로 진행될 수 있다는 점을 감안한다면, 면포 추출은 치료가 될 뿐만 아니라 예방 효과도 가진다. 또한, 면포 추출은 수많은 보기 흉한 병변을 제거함으로써 주관적, 객관적 만족과 이득을 가져다 주고 진행이 끝난 말기 면포의 치료에도 도움이 된다. 국소 레티노이드의 사용은 진행된 면포 병변의 추출 필요성을 감소시킬 수 있지만, 그

럼에도 불구하고 면포 추출은 국소 또는 경구 여드름 치료제를 사용하는 환자에서조차 유용한 보조적인 치료로 인식되고 있다.

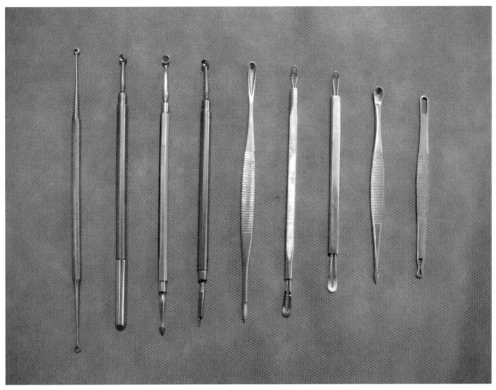

사진 6-7. 면포를 제거하기 위한 다양한 종류의 면포추출기

3. 병변 내 주사

병변 내 주사 요법은 빠른 효과와 더 나은 결과를 위해 약물을 직접 피부 병변에 주사하는 치료 방법이다. 여드름 병변 중 심재성 낭포와 염증성 결절은 일반적인 약물치료에 효과가 적다. 또 이러한 병변은 섣불리 절개하거나 짜내지 않아야 하는데, 이는 병변을 악화시킬 수도 있으며 불필요한 조직 손상을 주어 치료 후에 흉터를 남길 수 있다. 그러므로 심재성 낭포와 염증성 결절 같은 여드름 병변은 스테로이드를 병변 내 주사하는 것이 도움이 되는데, 특히 크고 오래된 염증성 결절 병변은 스테로이드 병변 내 주사 요법이 다른 어떤 치료법보다 효과적인 것으로 알려진다. 또한, 염증성 여드름에 의해 생긴 비대흉터 및 켈로이드성 흉터의 경우에도 스테로이드 병변 내 주사는 좋은 결과를 보인다.

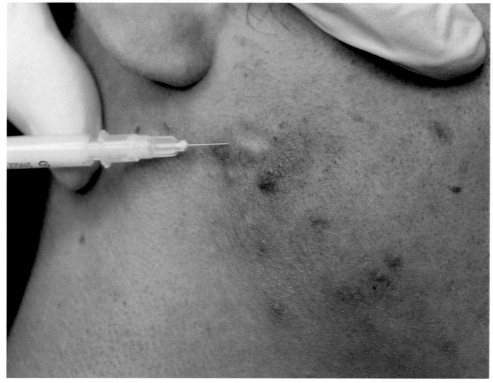

사진 6-8. 결절성 여드름 병변에 대한 병변 내 주사

4. 광선치료와 광역학요법

여드름 세균은 대사 과정에서 포르피린을 생성하는데, 이것은 특정 파장대의 빛을 받으면 활성산소를 만들어 내어 여드름 세균을 사멸시킨다. 광역학요법(광역동치료)은 약물과 광선이 상호 작용을 하여 원하는 치료 효과를 거두는 치료법으로, 우선 광선에 반응하는 물질인 광과민제를 원하는 세포에 침투시킨 후, 특정 파장의 광선을 조사하여 원하는 세포만을 선택적으로 파괴하는 일종의 광화학요법이다.

2000년 Hongcharu 등은 여드름 환자에서 ALA와 적색광을 이용한 광역학요법으로 여드름 병변의 호전과 함께 피지 분비가 서서히 감소하는 것을 관찰하였고, 또한 피부 조직검사에서 피지선이 위축됨을 확인하였다고 보고함에 따라 광역학요법은 여드름 치료와 과다한 피지, 넓은 모공의 치료 등에 광범위하게 사용되어 왔다. 그러므로 여드름 환자에 대한 광선치료 및 광역학요법은 현재 여드름 치료에 빠질 수 없는 치료의 한 축이 되고 있다.

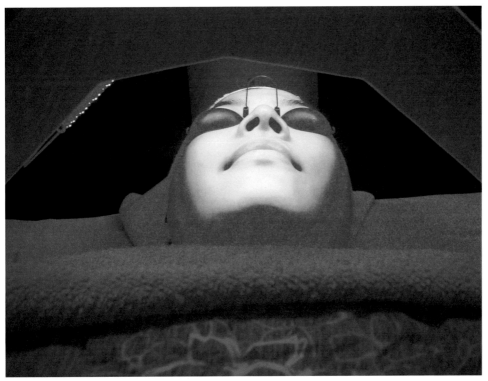

사진 6-9. 여드름에 대한 광선치료와 광역학요법

5. 레이저치료

경구 및 국소 여드름 치료제가 가지는 부작용과 세균 내성 그리고 긴 치료 기간은 빠르고 간편하며 안전한 치료를 원하는 여드름 환자들의 요구에 부응하여 레이저 및 광선치료 장비의 여드름 치료에의 적용이 최근 짧은 시간 내에 이루어지고 있다. 몇몇 레이저가 여드름 치료를 위해 임상적으로 연구되어 사용되고 있으며, 현재 레이저를 이용한 여드름 치료는 고가의 치료비에 대한 환자들의 불만을 뒤로 한 채, 간편하고 안전하며 빠른 효과를 보이는 여드름 치료법으로 인식되고 있다. 여드름 치료를 위해 지금까지 532nm KTP레이저, 585nm와 595nm 펄스다이레이저, 1320nm 엔디야그레이저, 1450nm 다이오드레이저, 1540nm 어븀글라스레이저, 1550nm 분획 어븀글라스 레이저, 10600nm 분획 CO_2 레이저 등이 사용되고 있고, 여드름 병변의 외과적 치료 도구로서 CO_2 레이저나 어븀야그레이저가 사용되며 GaAs, GaAlAs 등의 다이오드레이저나 헬륨네온레이저 등이 저출력 레이저 요법(LLLT)의 목적으로 여드름 치료에 이용되고 있다.

특히 1,450nm 다이오드레이저는 물에 의해 흡수되는 파장대의 빛을 방출하는데, 진피 중간의 피지샘 레벨까지 투과하여 열에 의해 피지세포와 여드름세균에 작용하여 효과를 나타낸다. 즉, 여드름의 발생 원인 중의 하나인 피지를 과다 분비하는 피지샘에 작용하여 피지샘의 활동과 기능에 변화를 주는 가벼운 열 손상을 야기함으로써 여드름 병변을 호전시킨다. 또한, 염증성 여드름이나 여드름 홍반의 치료를 위한 532nm KTP레이저나 펄스다이레이저의 사용 또한 대단히 효과적이다.

6. 필링(박피)

필링도 여드름의 치료와 관리에 있어서 빠질 수 없는 중요한 시술이다. 케미컬필링(화학박피술)은 여드름 발생의 주요 4가지 요인 중 일부나 전부를 차단하여 여드름 치료에 효과를 보인다. 대부분의 얕은 필링은 피부 표면에 넓게 분포된 각질을 용해시키고, 면포를 분해시킴으로서 모공을 통한 피지 분비를 원활하게 해 주고 염증을 완화시키므로 여드름 치료 효과를 보이는 것으로 보고되고 있으므로 여드름 치료에 있어서 케미컬필링도 중요한 위치를 차지하고 있다. 또한, 여드름 치료와 함께 피부 표면의 불순물을 제거하며, 피부를 부드럽게 하고, 피부결과 색을 고르게 하며, 염증 후 홍반과 과색소침착을 완화시키는 부수적인 미용 효과도 나타내는 이점이 있다.

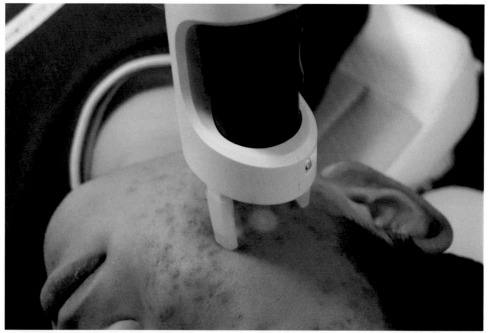

사진 6-10. 여드름 치료에 사용되는 532nm KTP레이저

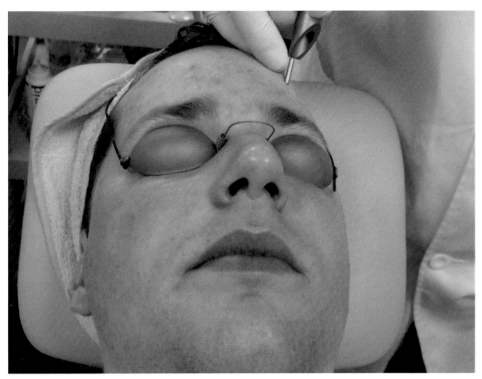

사진 6-11. 여드름 치료에 사용되는 585nm 펄스다이레이저

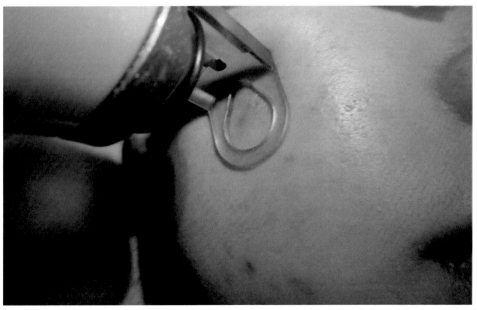

사진 6-12. 여드름 치료에 사용되는 1450nm 다이오드레이저

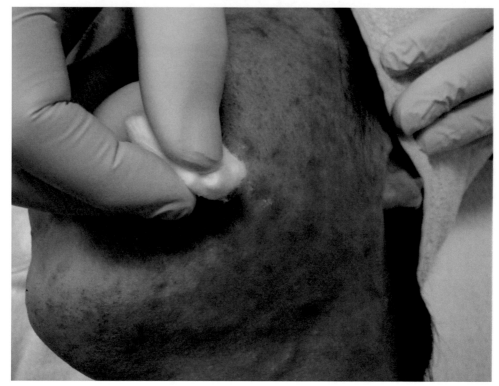

사진 6-13. 여드름 치료를 위한 케미컬필링

7. 화장품

여드름 치료에 보조적으로 사용되는 화장품은 현재 국내에서 식약처에 허가를 받는 기능성 화장품은 아니지만, 일반 소비자들은 여드름용 화장품을 기능성 화장품으로 인식하고 있다. 그러므로 여드름 약제 외에도 여드름용 화장품에 대해 환자들의 상담, 질문에 잘 설명해 줄 수 있어야 하며, 또한 적절한 여드름용 화장품을 권해 줄 필요성이 있다.

2001년 Draelos는 여드름 환자에게 사용되기 적합한 화장품은

(1) 비면포유발성(noncomedogenic)
(2) 비여드름유발성(nonacnegenic)
(3) 비자극성(nonirritating)
(4) 저알레르기성(hypoallergic)

화장품이어야 하므로, 화장품 제형에 대한 기본적인 이해와 민감성 피부에 대한 가이드라인에 맞는 제품의 선택이 필요하다고 하였다.

화장품 중 일부 제품은 유분이 많아 모공을 막을 수 있으며, 막힌 모공은 정상적인 피지 배출이 억제되어 면포를 형성할 수 있다. 그러므로 화장품 회사들은 여드름을 줄이는 성분에 대해 꾸준히 연구하고 있고, 많은 화장품들을 'non-comedogenic' 또는 'non-acnegenic'이라는 이름으로 시판하고 있다. 이러한 화장품들은 다른 제품에 비해 여드름을 유발할 가능성이 적으며, 대개 상대적으로 많은 양의 수분과 적은 양의 유분, 그리고 지질을 흡수하는 물질이 포함되어 있다.

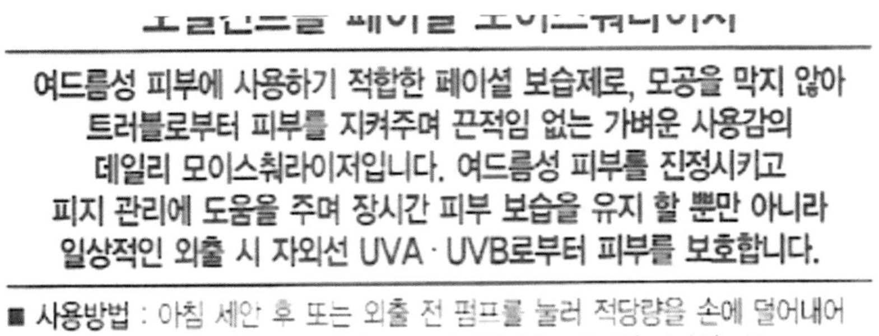

여드름성 피부에 사용하기 적합한 페이셜 보습제로, 모공을 막지 않아 트러블로부터 피부를 지켜주며 끈적임 없는 가벼운 사용감의 데일리 모이스춰라이저입니다. 여드름성 피부를 진정시키고 피지 관리에 도움을 주며 장시간 피부 보습을 유지 할 뿐만 아니라 일상적인 외출 시 자외선 UVA · UVB로부터 피부를 보호합니다.

■ **사용방법** : 아침 세안 후 또는 외출 전 펌프를 눌러 적당량을 손에 덜어내어

사진 6-14. 여드름에 적합한 화장품의 표시

면포 형성을 유발하지 않는 화장품이라는 의미의 'non-comedogenic'을 정의할 수 있는 표준화된 검사는 현재까지 없으며, 화장품을 자체적으로 시험하고 표기한다. 즉, 제품을 2~3주 사용한 후 개방면포 또는 폐쇄면포의 유발 유무를 검사한다. 'non-acnegenic'은 제품을 바르고 48~72시간 후에 여드름의 유발 정도를 관찰한다. 이러한 방식은 객관적인 측정 기준이 없고 공인된 측정 방법도 없으므로 논란이 있지만, 여드름 환자 입장에서는 화장품에 표시된 내용에 의존하게 되는 경우가 많다.

하지만 국내의 경우 화장품법 제12조 및 시행규칙 제15조의 의약품으로 오인, 소비자 기만 우려 등 표시·광고에 대한 세부기준인 식약처의 '화장품 표시·광고 관리 가이드라인'에 따라 여드름 등 질병의 예방 및 치료 관련 표현은 2011년 10월부터 전면금지되었으며, '여드름 피부 사용 적합' 등의 일부 표현은 인체적용시험 자료 등 객관적 자료로 입증한 경우에는 표시 가능하므로(화장품 표시·광고 실증제), 그러한 화장품 표시를 살펴보고 사용할 수 밖에 없다.

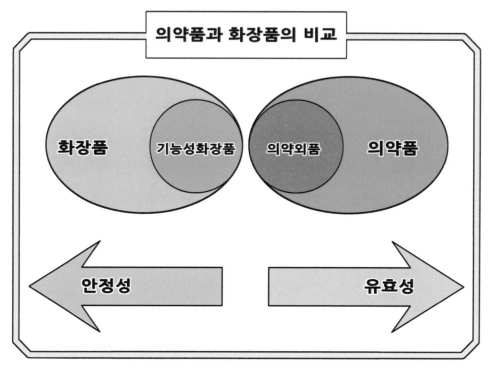

그림 6-15. 의약품과 화장품의 비교

  여드름 환자에게 사용되는 화장품은 자극성이 없어야 하는데, 여드름 피부는 피부장벽기능에 손상이 있으므로 정상 피부보다 자극이 더 쉽게 유발될 수 있기 때문이다. 그러므로 여드름 환자는 가급적 자극이 적은 민감성 피부용 화장품을 사용하여야 한다. 또한, 여드름 피부는 리놀레산이나 세라마이드가 감소되어 있으므로 자극 및 과민반응이 잘 생길 수 있으므로 저알레르기성 화장품을 사용하여야 한다.

  여드름에 효과를 보이는 화장품에는 각질 제거, 항균 및 항염, 피지 조절 작용을 하는 성분이 포함되어 있어 여드름의 종류나 피부 상태에 따라 적절한 것을 선택해서 사용하며, 그 외 보습 및 클렌징기능의 제품과 선크림 등이 필요하다. 각질 제거 효과를 가진 화장품 성분으로는 AHA, BHA, 유황, 파파인, 레티놀, L-아르기닌, 레조르시놀 등이 주로 사용된다. 항염 및 항균 효과를 가진 성분으로는 티트리오일, 피토스핑고신, 글리시리진산, 비사볼올, 녹차추출물, 소포로리피드, 어성초추출물, 트리코산, 아연, 카모마일추출물, 락토페린-락토페록시다제, 위치하젤추출물, 호손추출물 등이 사용된다. 피지조절 기능을 가진 성분으로는 레티놀, 카올린, 아연, 아젤라산, 유니트리에놀, 옥톡시글리세린 등이 사용된다.

여드름 치료제나 여드름 화장품 사용 후 발생할 수 있는 건조한 피부를 보호하기 위한 보습 기능을 가진 성분으로는 알로에베라, 글리세린, 알란토인, 판테놀, 글리신, 히알루론산, 프로필렌글리콜 등이 있다. 피부를 청결히 유지하고 피지를 제거하는 것은 여드름용 클렌징 제품이 가져야 할 기본적인 사항으로, 피지샘에서 분비가 증가된 피지와 모공 내에 고여있는 피지를 제거하면 여드름 치료를 효과적으로 시행할 수 있다.

8. 여드름 교육

여드름 환자에 대한 여드름 교육은 매우 중요하다. 왜냐하면, 병원에서는 잠깐 여드름 치료나 시술을 받는 것이지만 환자들은 학교에서, 직장에서 그리고 가정에서 훨씬 많은 시간을 보내기 때문이다. 특히 환자들에게 병원에서의 치료 후, 집이나 직장(학교)에서 병변을 공연히 자극하는 일이 없도록 교육하여야 한다. 또한, 여드름과 관련된 검증되지 않는 민간요법 등에 대해 올바른 인식을 갖도록 교육하여야 한다. 왜냐하면, 여드름 병변은 만성화되고 재발이 흔한 난치성 병변이므로, 자꾸만 주변의 유혹에 쉽게 넘어가 체계화된 의학 지식을 무시하는 경향이 있기 때문이다.

9. 삶의 질

최근 여드름 환자의 삶의 질에 대한 조사가 많이 이루어지고 있는데, 여드름은 증상이나 병변 자체는 생명에 지장이 없고 경미한 질환으로 인식되지만, 실제로는 환자의 정서적 측면이나 대인 관계 및 사회생활에 중요한 영향을 미치는 것으로 보고되고 있다. 따라서 임상적으로는 가벼운 증상의 여드름이라 할지라도 환자 자신은 삶의 질에 큰 손상을 입을 수 있으므로, 이런 경우 환자의 삶의 질을 고려하여 위험에 비해 환자에게 줄 수 있는 이득을 따져 더욱 적극적인 치료가 필요할 수 있다. 예컨대, 주로 결절낭종성 여드름과 같이 비교적 심한 여드름에 적응되고 있는 레티노이드의 전신 사용도 임상적으로 경한 증상을 보이고 있을지라도, 환자의 삶의 질에 심각한 손상이 있을 때에는 사용을 고려해야 하는 것이다.

10. 재정적 가치 평가

여드름 환자 입장에서의 여드름 치료에 대한 재정적 가치 평가는 여드름 환자에 대한 적절한 치료법을 선택하고 새로운 치료법의 적용을 결정하는데 도움이 될 수 있다. 1989년 Motley와 Finlay의 연구에서 500파운드(£)와 여드름 치료를 놓고 선택할 때 대부분의 환자들이 500£를 선택한다고 하였으나, 치료에 지불할 비용에 대해서는 평균 100£가 제시되어, 환자의 입장에서 치료에 대한 재정적 가치와 효과적인 치료에 대한 실질적 비용 사이의 격차를 보여준 바 있다. 하지만 2006년 이 등의 국내 연구에서 여드름 환자에게 만족할 만한 효과를 얻을 수 있는 치료에 지불할 비용을 선택하게 하였더니 24.1%가 50~100만원을, 29.6%가 10~50만원의 비용을 여드름 치료에 쓸 것이라고 대답하여 Motley와 Finlay의 연구에서의 치료에 대한 재정적 가치에 비교적 근접한 값을 나타내었고, 이러한 결과는 가계 소득이 증가하고 외모를 중시하는 사회 풍토에 따라 재정적 가치와 실질적 비용 사이의 차이가 많이 축소된 것으로 생각된다고 보고되었다.

하지만 33.5%의 환자는 10만원 이하의 치료비를 선택한 결과를 보여, 보다 적은 비용이 소요되는 여드름 치료법의 개발이 필요할 것으로 분석되었고, 또한 여드름의 객관적인 중증도보다는 여드름이 환자에게 끼치는 심리적 영향이 여드름 치료 비용을 결정하는데 더 큰 영향을 미치는 것으로 확인된 바 있다. 그러므로 여드름 치료는 여드름 임상 증상의 호전뿐만이 아니라 여드름 환자의 삶의 질의 향상, 적절한 여드름 치료 비용 모두에 초점을 맞추어 그 치료 방법이 선택되어야 할 것이다.

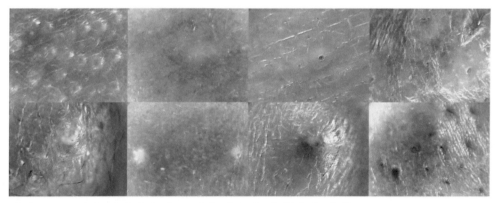

사진 6-16. 환자 개개인에 따른 임상 양상의 차이(확대 영상)

11. 치료의 표준화

거의 모든 사람들이 일생에 한 번은 겪고 지나가는 매우 흔한 질환인 여드름. 이 질환의 치료가 국내에서는 아직 표준화되어 있지 않다는 점이 문제이다. 다양한 치료법이 개발되고 있으나 객관적 타당성의 검토가 제대로 되지 않고 있으며, 가격 대비 효과에 대한 연구도 매우 부족하다. 그러므로 여드름 치료에 임하는 의사들이 조속히 여드름 치료 가이드라인을 개발하고 실용화하기 위한 부단한 노력이 절실하다는 생각이다. 또한, 그 효과에도 불구하고 부작용으로 인해 사용에 다소간 제약이 있는 이소트레티노인과 급속히 증가하는 항생제 내성 문제 등을 고려한다면, 더 효과적이고 안전한 여드름 치료 약제의 개발을 서둘러야 할 것이다.

참고문헌

1. 김낙인. 여드름의 국소치료. 피부과 전문의를 위한 Update in Dermatology 2003; 1 (1): 17-20.

2. 김창수, 임현수. 여드름 치료를 위한 PWM 기반 광 조사 시스템 설계. 한국방사선학회 논문지 2012; 6 (3): 207-15.

3. 김홍직. 여드름 치료에 사용하는 화장품. 피부과 전문의를 위한 Update in Dermatology 2003; 1 (1): 32-5.

변지연. 여드름 : 비약물학적 요법. 대한피부과학회 초록집 2010; 48 (20): 102-3.

4. 성경제. 여드름 치료의 일반적인 원칙. 피부과 전문의를 위한 Update in Dermatology 2003; 1 (1): 14-6.

5. 안봉균, 이상주, 남궁기, 정예리, 이승헌. 여드름 환자의 삶의 질 조사. 대한피부과학회지. 2005; 43 (1): 6-14.

6. 이상훈, 조한석, 승나르, 정석준, 김철우, 조희진, 김광호, 김광중. 여드름 환자의 삶의 질. 대한피부과학회지. 2006; 44 (6): 688-95.

7. 이주흥. 여드름치료 가이드라인 개발 개요 (초). 대한피부과학회 초록집 2010; 48 (20): 97.

8. 이주흥. 여드름 치료를 위한 경구 요법 : 레티노이드 제외. 피부과 전문의를 위한 Update in Dermatology 2003; 1 (1): 21-3.

9. 전혜주, 김성현, 함정희, 황규광. 여드름 치료에 있어 ALA와 여드름 모드 IPL을 병합한 광화학 요법과 여드름 모드 IPL만을 이용한 광치료의 비교 연구. 대한피부과학회지 2007; 45 (1): 14-22.

10. Cyrulnik AA, Viola KV, Gewirtzman AJ, Cohen SR. High-dose isotretinoin in acne vulgaris: improved treatment outcomes and quality of life. Int J Dermatol 2012; 51 (9): 1123-30.

11. Draelos ZD. Cosmetics in acne and rosacea. Semin Cutan Med Surg 2001; 20 (3): 209-14.

12. Gamble R, Dunn J, Dawson A, Petersen B, McLaughlin L, Small A, Kindle S, Dellavalle RP. Topical antimicrobial treatment of acne vulgaris:

an evidence-based review. Am J Clin Dermatol 2012; 13 (3): 141-52.

13. Habif TP. Clinical Dermatology: A Color Guide to Diagnosis and Therapy. 5th ed. Elsevier Inc 2010; 169.

14. Hongcharu W, Taylor CR, Chang Y, Aghassi D, Suthamjariya K, Anderson RR. Topical ALA-photodynamic therapy for the treatment of acne vulgaris. J Invest Dermatol 2000 ; 115 (2): 183-92.

15. Joo Y, Kang H, Choi EH, Nelson JS, Jung B. Characterization of a new acne vulgaris treatment device combining light and thermal treatment methods. Skin Res Technol 2012; 18 (1): 15-21.

16. Jung GW, Tse JE, Guiha I, Rao J. Prospective, randomized, open-label trial comparing the safety, efficacy, and tolerability of an acne treatment regimen with and without a probiotic supplement and minocycline in subjects with mild to moderate acne. J Cutan Med Surg 2013; 17 (2): 114-22.

17. Kwon HH, Yoon HS, Suh DH, Yoon JY, Park SK, Lee ES, Lee JH, Kim NI, Kye YC, Ro YS, Lee SJ, Kim MN, Sung KJ, Lee ES, Kim KJ. A nationwide study of acne treatment patterns in Korea: analysis of patient preconceived notions and dermatologist suggestion for treatment. Acta Derm Venereol 2012; 92 (3): 236-40.

18. Moon SH, Roh HS, Kim YH, Kim JE, Ko JY, Ro YS. Antibiotic resistance of microbial strains isolated from Korean acne patients. J Dermatol 2012; 39 (10): 833-7.

19. Motley RJ, Finlay AY. How much disability is caused by acne? Clin Exp Dermatol 1989; 14: 194-8.

20. Piffard HG. An Elementary Treatise on Diseases of the Skin. MacMillan and Co 1876: 225.)

21. Piffard HG. A treatise on the materia medica and therapeutics of the skin. Sampson Low, Marston, Searle, & Rivington 1881: 158.

22. Piffard HG. Cutaneous Memoranda. W. Wood & company 1885: 156.

23. Simonart T. Newer approaches to the treatment of acne vulgaris. Am J Clin Dermatol 2012; 13 (6): 357-64.

24. Nguyen TT. Acne treatment: easy ways to improve your care. J Fam Pract 2013; 62 (2): 82-9.

25. Tidman MJ. Prompt treatment of acne improves quality of life. Practitioner 2012; 256 (1752): 15-7.

제7장. 여드름 국소 치료제

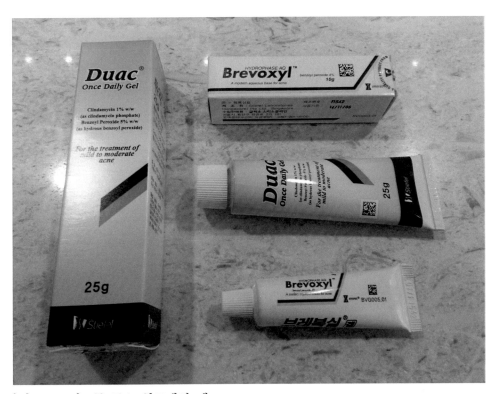

사진 7-1. 여드름 국소 치료제의 예

여드름은 치료가 늦어지면 영구적인 흉터를 남겨 삶의 질에 큰 영향을 미칠 수 있으므로 조기 치료가 대단히 중요하다. 여드름의 치료는 병변의 종류와 심한 정도에 따라 다양한 약제를 사용할 수 있는데, 크게는 국소적인 치료 방법과 전신적인 치료 방법으로 나눌 수 있다. 현재 여드름 치료를 위해 다양한 종류의 국소 치료제들이 사용되고 있으며, 또한 새로운 국소 치료제들이 계속 개발되고 있다. 국소 치료제는 접근성이 용이하고, 간편하며, 비용이 적게 든다는 장점을 가지고 있으므로 환자들이 선호할 수밖에 없는 치료 방법이다. 단독 치료로도 사용되지만, 때로는 전신 치료와 병행하기도 하며, 경우에 따라서는 치료 후 재발 방지를 위한 목적으로 사용되기도 한다.

여드름의 치료는 환자의 임상 양상에 따라 치료 방법을 적절히 적용하여야 한다. 경구 치료도 그렇지만 국소 치료 약제의 선택은 임상 양상과 치료 목적에 따라 달라진다. 국소 치료도 여드름 발생의 원인과 관련하여 치료의 일반적인 원칙으로 제시되고 있는, (1) 피지 생성 억제, (2) 모낭 입구 과다각화의 억제, (3) 여드름균의 증식 억제, (4) 항염증 효과에 초점을 맞추어서 시행하게 된다. 하지만 현재까지 이 모두에 효과적으로 작용하는 단일 제제의 국소 치료제는 없다는 것이 문제이다.

중증 이상의 염증성 여드름 병변은 국소 치료와 함께 항생제 경구 투여에 의한 전신 치료가 병행되어야 마땅하다. 하지만 단독적인 국소 치료는 비염증성 면포만이 발생한 환자나 경증 또는 중등도의 염증성 여드름 환자에서 시행하는데, 이는 전신 치료에서 발생할 수 있는 부작용을 최소화 할 수 있는 장점이 있다. 국소 치료만을 단독으로 시행할 경우라도 중요한 포인트는 여드름 발생의 4가지 주요 요인을 억제하기 위해 한 가지 약제의 단독 요법보다는, 치료 기전이 다른 약제를 병합하여 처방하는 것이 부작용을 최소화하며 치료 효과를 극대화하는 방법이라는 점이다.

현재까지 피지 분비의 억제 효과가 확실하게 입증된 국소 치료제는 없으므로 임상 양상에 따라 비염증성 여드름은 모낭 입구의 과다각화증을 줄이는 데 중점을 두고, 염증성 여드름은 세균을 억제하고 염증을 줄이는 효과를 가진 국소 치료제를 선택하는 것이 바람직하다. 하지만 대부분의 여드름은 초기의 경우를 제외하고는 염증성 병변과 비염증성 병변이 혼재되어 있으므로 임상 양상을 고려하여 약제를 신중히 선택하여야 한다.

초기 경증의 여드름이나 면포만 있는 경우는 가능한 국소 도포제로 처음 치료를 시작해야 한다. 이러한 치료에 반응이 없거나 심한 병변의 경우는 경구제의 투여 및 물리적 치료를 시행한다. 즉, 조기에는 면포 용해제인 레티노이드 제품이나 아젤라산 등을 도포한다. 하지만 면포와 구진, 농포가 혼합되어 있는 경증에서는 국소 도포 항생제(에리스로마이신, 클린다마이신, 나디플록사신) 및 과산화벤조일, 아젤라산을 사용한다. 중등도 이상의 염증성 병변을 보이는 여드름은 면포 용해제의 국소 도포와 항생제 경구 투여(테트라사이클린, 마크롤라이드 계열 등)로 치료한다.

(1) 레티노이드(Retinoids)

여드름에 많이 사용되는 레티노이드는 비타민 A와 화학적으로 연관된 물질군으로 레티노산, 레티놀, 레틴알데히드를 모두 포함하여 말한다. 1931년 Karrer 등이 레티놀의 구조식을 밝혀내어 노벨상을 수상한 이후, 곧 레티놀은 성공적으로 합성되었고 빠르게 상품화되었으며, 그 이후 레티노이드의 여러 합성물들은 급격히 증가하였고 현재 수천 개의 새로운 제품들이 있다. 레티노이드의 정의는 구조상 및 작용상으로 원조 합성물인 비타민 A와 유사한 화합물이었으나, 지난 수십 년간을 지나면서 화학자들은 자연적으로 나타나는 분자물에 광범위한 변형을 주어 이들을 세 개의 세대를 갖는 레티노이드로 발전시켰다.

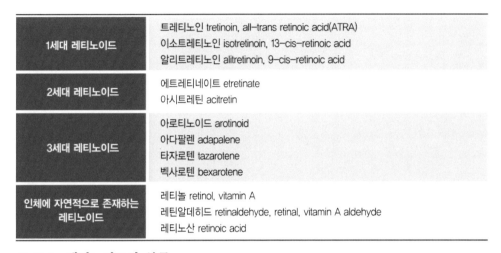

1세대 레티노이드	트레티노인 tretinoin, all-trans retinoic acid(ATRA)
	이소트레티노인 isotretinoin, 13-cis-retinoic acid
	알리트레티노인 alitretinoin, 9-cis-retinoic acid
2세대 레티노이드	에트레티네이트 etretinate
	아시트레틴 acitretin
3세대 레티노이드	아로티노이드 arotinoid
	아다팔렌 adapalene
	타자로텐 tazarotene
	벡사로텐 bexarotene
인체에 자연적으로 존재하는 레티노이드	레티놀 retinol, vitamin A
	레틴알데히드 retinaldehyde, retinal, vitamin A aldehyde
	레티노산 retinoic acid

표 7-1. 레티노이드의 분류

이러한 레티노이드는 피부 각질형성세포와 피지세포에 흡수된 후 특수한 수용체와 결합, 유전자 전사의 특정 단계를 억제하거나 활성화시켜 세포 증식, 분화, 염증, 피지 생성에 영향을 미치게 된다. 특히 모낭의 각질세포에서 각화유리질과립의 생성을 감소시켜 모낭 각질화 과정을 억제하여 면포 형성을 막는 치료 효과를 보인다. 또한, 각질미세섬유의 접합을 변화시켜 면포에서 각질형성세포의 접착성을 감소시킴으로써 면포 배출을 촉진시킨다.

하지만 그러한 효과에도 불구하고 레티노이드피부염(Retinoid dermatitis)이라고 불리는 피부 자극 증상이 흔하게 나타난다. 레티노이드 국소 도포제의 부작용 중 가장 흔한 증상은 피부 자극, 피부 박탈, 홍반인데, 처음 레티노이드를 사용하는 환자에게 흔히 나타나는 이러한 부작용들은 적은 용량을 저빈도로 바르는 것으로 감소시킬 수 있다. 가능한 가장 적은 용량으로 처음 시작하고, 환자의 내성이 증가할수록 천천히 사용 빈도를 증가시키는 것이 좋다.

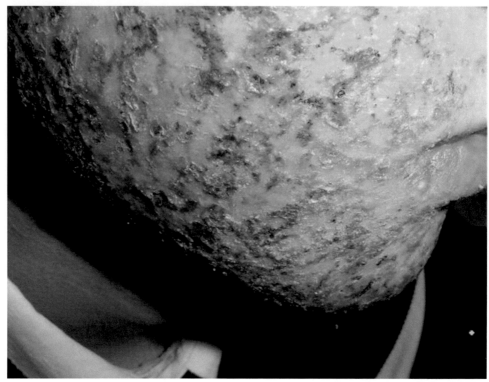

사진 7-(1)-1. 심한 레티노이드 부작용

A. 트레티노인(Tretinoin, All-trans-retinoic acid)

트레티노인은 비타민A의 대사 산물로서 처음 사용된 제1세대 레티노이드 제품이다. 트레티노인의 작용 기전은 모낭 상피세포의 과다각화를 막아 미세면포 형성을 억제하며, 모낭 상피세포의 교체를 증가시키고 세포 분열을 자극하여 면포의 배출을 촉진시킨다. 면포 형성이 약해지면 모낭 내부에 공기가 더 잘 통하게 되며, 항생제의 침투가 쉬워지기 때문에 여드름균의 수가 감소하고 염증 유발 인자의 생성이 더 적어지게 된다. 또한, 유리지방산을 감소시키므로 누두부의 장벽 기능을 정상화하는 역할을 한다.

현재 트레티노인 크림은 0.01%~0.1% 농도의 제품이 주로 사용되고 있으며 흔히 스티바에이™ 크림(tretinoin 0.01%, 0.025%, 0.05%/25g), 레타크닐™ 크림(tretinoin 0.025%, 0.05%/ 5g, 30g)을 처방한다.

처음 사용 시 각질세포 탈락이 증가하고 작열감, 홍반 등이 생기며 일시적으로 염증성 병변이 악화될 수 있다. 이러한 일시적 자극을 줄이기 위해 처음에는 0.025% 정도의 낮은 농도를 사용하며 차츰 농도를 높여 0.05%로 바꿔 처방한다. 임상적 치료효과는 6주 연속 사용 시 나타나며 3~4개월이 지나면 안정되는데, 이때부터 농도를 줄이고 도포 간격을 늘리면서 완화 상태를 유지시킨다.

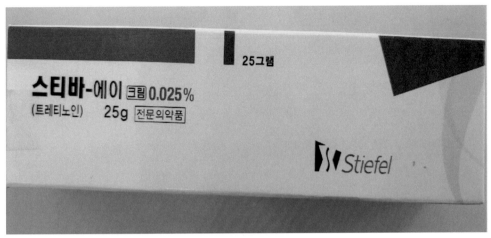

사진 7-(1)-A-1. 스티바에이™ 크림(tretinoin 0.01%, 0.025%, 0.05%/ 25g)

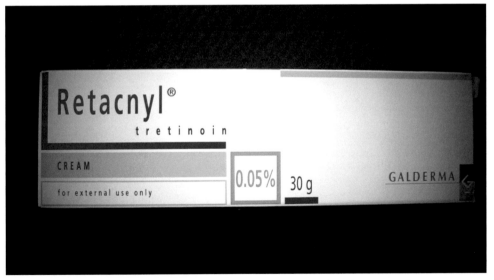

사진 7-(1)-A-2. 레타크닐™ 크림(tretinoin 0.025%, 0.05%/ 5g, 30g)

임부 또는 임신하고 있을 가능성이 있는 경우에는 사용하지 않는다. 사용 2~4주 후 여드름 병변이 일시적으로 악화되는 농포성 발적 및 광과민 반응이 일시적으로 나타날 수 있다. 트레티노인 도포에 의한 활발한 치료 효과를 의미하는 경증의 홍반이나 인설과 같은 예견되는 피부의 변화 외에도, 개인에 따라 민감한 피부의 경우에는 심한 발적, 부종, 포진 또는 가피가 나타날 수 있으며, 드물게는 알레르기접촉피부염 등이 발생할 수도 있다. 연용할 경우 일시적인 과다 또는 저색소침착이 일어날 수 있다는 보고가 있다.

B. 이소트레티노인(Isotretinoin)

이소트레티노인은 13-cis-retinoic acid로, 주로 경구용 여드름 치료제로 사용되지만, 국소 치료제로도 상품화되어 있다. 이소트레티노인은 모낭의 상피를 변화시켜 면포 형성을 방해하는 트레티노인과 효과는 비슷하지만, 상대적으로 자극이 더 적은 특징이 있다. 특별히 3-alpha retinol dehydrogenase와 작용하여 androstanediol과 androsterone이 hydrotestosterone과 androstanedione으로 변환되는 것을 억제하는 효과를 가지며, 이러한 이유로 다른 국소 레티노이드와는 달리 피지 분비 감소의 효과가 약하게 존재한다.

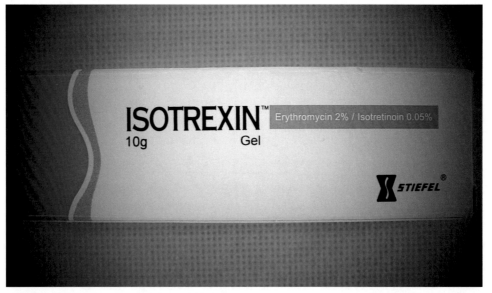

사진 7-(1)-B-1. 이소트렉신™ 겔(isotretinoin 0.5mg - erythromycin 20mg/10g)

주로 국소 제제로서 0.05% 이소트레티노인 겔이 사용되지만, 현재 국내에서는 이소트레티노인 단독 성분의 국소 치료제는 생산되지 않고 있으며, 에리스로마이신과 혼합된 형태의 이소트렉신™ 겔(isotretinoin 0.5mg- erythromycin 20mg/ 10g)이 처방되고 있다(이 제품도 현재 유통/생산되지 않고 있음). 임부 또는 임신하고 있을 가능성이 있는 여성이나 수유부에게는 사용 금기이며, 사춘기 이전의 소아에게는 안전성 및 유효성이 확립되어 있지 않으므로 그 시기에는 사용이 권장되지 않는다.

C. 아다팔렌(Adapalene)

아다팔렌은 트레티노인보다 작용 시간이 빠르고 자극이 훨씬 적은 3세대 합성 레티노이드로서 신속한 항염증 작용, 면포용해 작용, 면포형성억제 작용 때문에 염증성, 비염증성 여드름 병변에 효과가 있으므로 최근에 많이 사용되고 있다. 레티노이드 수용체에 작용하여 세포 분화, 각질 형성을 조절하고 염증 억제에도 영향을 주며, 모낭 표피세포의 최종 분화를 정상화시켜 미세면포의 형성을 감소시킨다. *P. acnes*에 직접 작용하지 않고 세균 항원 및 매개체에 대한 염증반응을 감소시키므로 세균에 대한 내성을 발생시키지 않는다.

사진 7-(1)-C-1. 디페린™ 겔(adapalene 0.1%/ 5g, 15g, 30g)

아다팔렌의 특징은 국소 도포 시 피부에 천천히 흡수되고 아주 적게 통과된다는 점이다. 주로 국소 제제로서 0.1% 겔이 사용되며 흔히 디페린™ 겔(adapalene 0.1%/

5g, 15g, 30g)을 처방한다. 도포 4주 이내에 피부 건조, 인설, 홍반, 작열감, 소양감이 발생할 수 있지만, 기타 레티노이드 제제에 비해 자극이 낮은 편이다. 하지만 저녁에 도포하며, 햇빛 노출을 피하여야 한다. 수유부, 임산부, 12세 이하의 소아에게는 안전성이 확보되어 있지 않으므로 사용 시 주의가 필요하다. 최근에는 과산화벤조일과의 혼합제제인 에피듀오™ 젤이 생산되어 9세 이상의 여드름에 처방되고 있다.

D. 타자로텐(Tazarotene)

타자로텐은 처음에 건선 치료제로 개발되었지만, 최근에는 여드름 치료에도 효과가 입증되어 사용되고 있다. 0.05%, 0.1% 젤과 크림 형태가 있으며 1일 1회 도포할 경우 0.05% 타자로텐 젤은 트레티노인 0.025% 젤과 비슷한 효과를 보이며, 비염증성 병변의 감소와 치료 성공률은 트레티노인보다 높게 나타났다. 하지만 아직 국내에서는 생산되지 않고 있다.

(2) 항생제(Antibiotics)

국소 도포 항생제는 일차적으로 모낭 내 여드름균에 작용하여 유리지방산을 감소시키며 여드름균에 의해 생성되는 화학주성인자를 감소시켜 염증을 줄여 주는 효과를 나타낸다. 즉, 직접적인 균 억제 효과보다는 항염증 작용을 함으로써 치료 효과를 갖는다. 주로 1~4% 클린다마이신 또는 에리스로마이신제제가 많이 사용되고 있으며, 최근에는 1% 나디플록사신 국소제제가 유용하게 사용되고 있다.

국소 항생제를 장기간 사용하는 경우 치료 효과가 감소하고 세균에 대한 내성이 발생할 가능성이 높다. 만약 충분한 기간과 도포 횟수에도 불구하고 여드름 증상의 호전이 없다면 여드름균에 대한 내성의 결과로 간주해야 한다. 그러므로 국소 항생제 단독 사용보다는 국소 레티노이드나 과산화벤조일과 같은 다른 약제와 같이 사용하는 것이 좋은 효과를 보이며 내성을 줄이는 데 도움이 된다.

그리고 내성을 막기 위해 항생제를 8~12주간 1일 2회 도포하며, 경구용 항생제와 같이 병용하지 않는다. 또한, 증상의 호전이 없거나 효과가 미약하면 더 이상 사용하지 않는 것이 좋다.

A. 클린다마이신(Clindamycin)

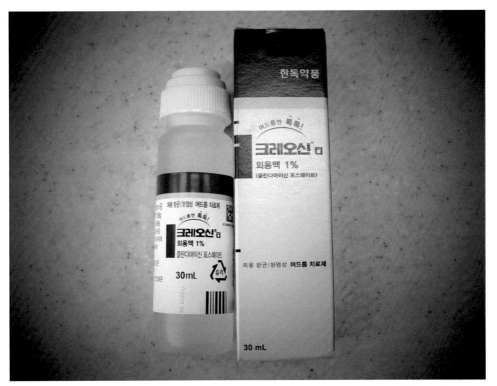

사진 7-(2)-B-1. 크레오신 티™ 외용액 1%(clindamycin phosphate/ 30ml)

클린다마이신은 린코마이신에서 유래된 반합성 항생제로 여드름균의 증식을 억제하고 화학주성인자를 감소시켜 약한 항염증 작용을 나타낸다. 하지만 면포용해 작용은 없으므로 기존의 면포성 병변의 치료에는 도움이 되지 않는다. 1% 겔, 액, 로션 형태로 이용되고 국소 도포에 의한 부작용으로 작열감, 소양감, 건조증, 홍반 등이 나타날 수 있으며, 비록 국소 도포로 가능성은 작지만, 위막성 장염의 발생을 고려해야 한다. 흔히 사용하는 크레오신 티™ 외용액 1%(clindamycin phosphate/ 30ml)는 1일 2회 도포한다. FDA 분류상 B 등급에 속한다.

B. 에리스로마이신(Erythromycin)

에리스로마이신은 그람음성 및 그람양성균에 효과가 있는 마크롤라이드계열의 항생제이다. *P. acnes*의 단백질 합성을 방해하고 유리지방산의 생성을 감소시키므로 면포 형성을 억제하며, 호중구의 화학주성을 억제하여 항염증 작용을 나타낸다. 도포 시 부작용으로 피부건조증, 소양감, 홍반, 자극, 동통 등이 있을 수 있다. 다른 제제에 비해 감작성이 적어 알레르기접촉피부염의 가능성이 적은 것이 장점이다. 흔히 사용하는 에리아크네™ 4겔 4%(erythromycin/ 30g)는 1일 1~2회 도포한다(현재 유통 /생산되지 않고 있음). 에리스로마이신이나 마크롤라이드계에 과민한 사람에게는 사용을 피하여야 한다. FDA 분류상 B 등급에 속하는 약물이다.

C. 나디플록사신(Nadifloxacin)

나디플록사신은 플루오로퀴놀론 계열의 항생제로, 세균의 DNA 선회효소와 국소이성화효소의 작용을 방해함으로써 효과를 나타낸다. 여드름의 주요 원인 균주인 *P. acnes* 및 *S. epidermidis* 등의 그람양성균뿐만 아니라 녹농균, 대장균 등의 그람음성균까지 광범위한 항균 스펙트럼을 보인다. 또한, 메티실린 내성 및 감수성 황색포도알균(MRSA, MSSA)에도 항균능력을 보이고 다른 플루오로퀴놀론계 항생제와 교차 내성 역시 없는 것으로 알려진다.

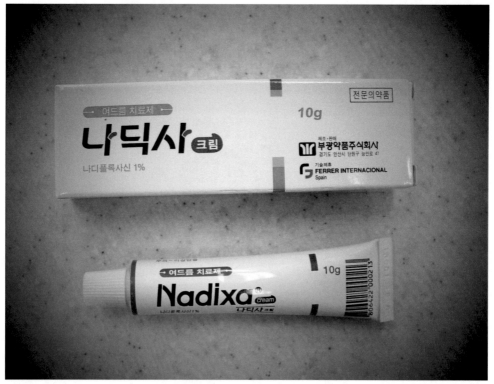

사진 7-(2)-C-1. 나딕사™ 크림(nadifloxacin 10mg/ 10g)

항균 작용 이외에도 말초 혈액의 단핵구에서 IL-12, IFN-γ 등의 염증 유발 시토카인을 저해하고, 각질세포에서 IL-1α, IL-6, IL-8 등을 막으며, 랑게르한스세포의 항원 전달 능력을 감소시켜 항염증 작용을 하고, 안드로겐 수용체의 ARA55의 전사를 저해함으로써 안드로겐에 대한 민감성을 간접적으로 막을 수 있어 여드름 치료에 도움이 될 것으로 생각되고 있다. 흔히 사용되는 나딕사™ 크림(nadifloxacin 10mg/10g)은 1일 2회 도포한다. 경미한 홍반, 가려움, 각질 등의 부작용이 나타날 수 있으나, 경증 및 중등도의 여드름 환자에서 피부 자극 없이 유용하게 사용할 수 있는 치료제로 평가되고 있다. 12세 미만, 임부와 수유부는 금기이다.

(3) 과산화벤조일(Benzoyl peroxide)

과산화벤조일은 세균과 효모에 대하여 작용하며, 정균 작용을 하는 다른 국소 항생제와 비교하여, 여드름균에 대해 강력하고 빠른 살균 작용을 나타내고, 약간의 각질 용해 작용과 약한 면포형성억제 작용도 갖는다. 다른 항생제에 비해 세균에 대한 내성이 낮으며, 도포 시 염증성 및 비염증성 병변을 호전시키는 효과가 있다. 1~10%의 다양한 농도가 사용될 수 있는데 2.5%, 5%, 10% 농도의 약제들을 비교한 결과, 2.5% 농도가 염증성 병변의 수와 *P. acnes*를 감소시키는 데 있어 다른 농도의 약제들과 동일한 효과를 보였고, 국소 부작용은 더 적게 발생하는 것으로 알려진다. 약제의 투과성은 레티노이드와 함께 사용할 경우 증가한다.

부작용으로 자극피부염, 홍반, 소양증 등이 있으나 사용 초기에 나타나며 지속적으로 사용하면 2~3주 내에 감소한다. 약제의 산화성으로 인하여 의복과 침구, 모발의 탈색을 유발할 수 있다. 또한, 과산화벤조일은 피지 모낭에서 반응성 산소를 발생시켜 세균을 죽이는데, 유해 산소기의 생성은 피부 노화를 촉진시키거나 악화시킬 수 있으므로 이의 사용을 피하는 것이 좋다는 의견도 있다.

흔히 브레복실™ 겔 4%(benzoyl peroxide/ 10g), 벤작에이씨™ 겔 2.5%(benzoyl peroxide/ 5g, 60g)가 사용된다. 하루 1~2회 여드름 전용 세안제로 세안하고 피부를 건조시킨 후 바르는데, 처음 1~2주는 여드름이 생긴 해당 부위만 콕콕 찍어 바르고 적응된 후에는 여드름이 있는 해당 부위 보다 2~3배 넓게 바른다. FDA 분류상 C등급으로 분류된다. 과산화벤조일은 에리스로마이신이나 클린다마이신과 병용하면 내성 감소 및 치료 효과가 증대된다. 이러한 목적으로 주로 사용되는 복합제제는 듀악™ 겔(benzoyl peroxide 5% - clindamycin 1%/ 10g, 25g)과 벤자마이신™ 겔(benzoyl peroxide 5% - erythromycin 3%/ 23.3g) 등이 있다.

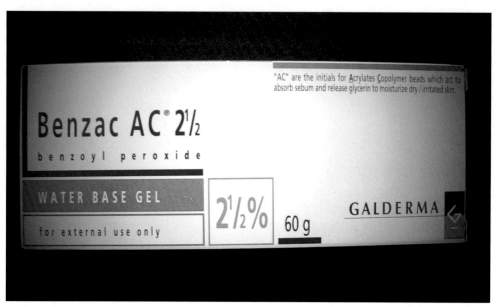

사진 7-(3)-1 벤작에이씨™ 겔 2.5%(benzoyl peroxide/ 60g)

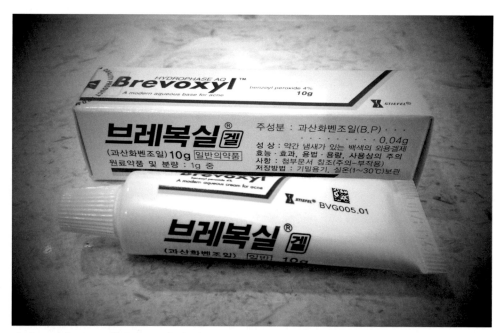

사진 7-(3)-2. 브레복실™ 겔 4%(benzoyl peroxide/ 10g)

(4) 아젤라산(Azelaic acid)

사진 7-(4)-1. 아젤리아™ 크림(azelaic acid 20%/ 10g)

아젤라산은 탄소원자 9의 포화된 디카르복실산으로서, 질산에 의한 올레산의 산화에 의해 얻어지거나 *Brettanomyces petrophilum*같은 미생물의 발효에 의한 불포화지방산의 산화에 의해서도 형성된다. 아젤라산은 여드름균의 단백질 합성을 방해하여 세균 증식을 억제하며, 각질층의 두께를 감소시키고 미세면포의 형성을 막는다. 또한, 호중구의 초과산화물 라디칼 생성을 억제하여 항염증 효과가 있으므로 염증성 병변과 비염증성 병변에 사용하지만, 피지샘에 대한 영향력은 거의 없다. 여드름 국소 치료제로도 사용되지만, 티로시나제의 활성을 억제하여 멜라닌 생성을 방해하는 것으로 알려지면서 기미와 염증후과색소침착의 치료에도 사용되고 있으므로, 여드름으로 인한 염증후과색소침착이 동반되어 있는 경우 더욱 효과적으로 사용할 수 있다.

일반적으로 농도 20%의 크림이 사용되는데, 1일 2회 충분히 바른 후 잘 문질러 준다. 도포 4주 후부터 효과가 나타나며 1~4개월 후에 최대 효과가 나타나므로 지속적인 도포가 필요하다. 과산화벤조일이나 트레티노인 등과 병합하면 효과가 더 좋아진다. 부작용은 소양감, 작열감, 홍반, 건조증, 표피박탈, 저색소침착, 접촉피부염 등이며, FDA 분류상 B 등급에 속한다. 흔히 아젤리아™ 크림(azelaic acid 20%/ 10g)이 처방된다.

(5) 병합 요법

여드름 국소 치료제는 단독 요법보다는 병합 요법이 치료에 더 효과적이며 부작용을 감소시키는 효과가 있기 때문에 국소 치료제만을 사용할 경우는 병합 요법을 하는 것이 좋다. 두 약제가 상호 보완적으로 작용하면 면포성 병변과 염증성 병변이 동시에 치료된다. 레티노이드는 면포용해 작용과 함염증 효과 및 타 약제의 흡수를 증가시키는 효과가 있고, 항생제는 여드름균을 억제하고 염증을 줄이는 효과를 보이며, 과산화벤조일은 여드름균을 억제하고 경미하게 면포 형성을 줄이는 기능이 있으므로 국소 치료제의 병합 요법은 효율적인 치료 방법으로 흔히 처방되고 있다.

A. 국소 레티노이드 + 국소 항생제

레티노이드는 면포용해 작용, 항염 작용 및 타 약제의 흡수를 증가시키며, 항생제는 항균 작용과 염증을 줄이는 효과가 있다. 1% 클린다마이신 겔과 0.025% 트레티노인 겔을 경증 및 중등도 여드름에 도포한 결과 8주 후 단독 요법보다 통계적으로 유의한 치료 효과를 보이며, 약제에 의한 자극도 레티노이드 단독 사용 시보다 낮게 나타났다. 1% 클린다마이신 로션과 0.1% 아다팔렌 겔의 병합 요법은 12주 후 단독 요법보다 염증성, 비염증성 병변의 호전에 더 효과를 보였으며 부작용도 적었다. 2% 에리스로마이신과 0.05% 트레티노인의 병합 요법도 역시 좋은 효과와 적은 부작용을 보였다.

B. 국소 레티노이드 + 과산화벤조일

국소 레티노이드와 과산화벤조일의 병합 요법은 여드름의 네 가지 주된 발생 원인 중 비정상적인 모낭 각화, 여드름균의 증식과 염증반응의 3가지 원인에 대한 상호보완적인 작용 효과를 가진다. 중등도 여드름 환자에 대해 트레티노인과 과산화벤조일의 병합 요법으로 6~8주 치료 후, 88% 환자에서 80~90%의 병변이 호전된 것으로 보고되고 있다. 하지만 두 약제는 피부에 자극을 유발하기 쉽고, 또한 국소 트레티노인과 과산화벤조일을 동시에 도포할 경우 과산화벤조일은 트레티노인을 분해시켜 효과를 감소시킬 수 있으므로 약제 도포 시 아침, 저녁으로 시간 간격을 두고 도포하여야 한다. 아다팔렌과 과산화벤조일의 병합 요법 역시 각각의 단독 요법에 비해 더 큰 치료효과와 빠른 작용 개시를 나타낸다.

C. 국소 항생제 + 과산화벤조일

클린다마이신이나 에리스로마이신과 같은 국소 항생제와 과산화벤조일의 병합 요법은 면포성 병변의 치료에는 효과적이지 않지만, 여드름균의 수를 줄이고 내성 균주의 치료에 효과를 보인다. 5% 과산화벤조일과 1% 클린다마이신의 병합 요법이 가장 효과적이다. 2주간 단독 요법을 하는 것보다 1주간의 병합 요법이 더 빠른 항균 효과를 가지는 것으로 알려진다. 과산화벤조일의 반응성 산소종에 의한 항생제의 파괴가 적고 자극이나 건조증 등의 부작용이 감소하며, 여드름균에 대한 내성 균주의 발생이 감소하고 클린다마이신 단독 사용으로 오는 광독성 반응을 감소시킨다. 경증 및 중등도 여드름에 대해 에리스로마이신 단독 사용보다 5% 과산화벤조일과 3% 에리스로마이신 병합 요법은 항생제에 의한 내성을 줄이며 테트라사이클린, 미노사이클린 경구 투여와 유사한 효과를 보이는 것으로 보고되고 있다.

D. 국소 항생제 + 아젤라산

국소 에리스로마이신과 아젤라산의 병합 요법 역시 각각이 가지고 있는 효과를 극대화시키고 부작용을 최소화할 수 있으며, 항생제에 의한 내성을 줄이는 효과적인 국소 치료법으로 알려진다. 특히 5% 아젤라산과 2% 에리스로마이신의 병합 요법은 여드름의 중증도, 약물 부작용, 환자 만족도에서도 단독 사용에 비해 유리한 것으로 보고되고 있다.

(6) 복합제제

두 가지 국소 치료제를 각각 사용하는 병합 요법에 비해 두 가지 성분이 한 제품에 혼합되어 있는 복합제제의 장점은 여러 가지가 있다. 첫째는 환자가 선호하는 한 가지 제제만 선택하여 사용하는 것을 방지할 수 있으며, 둘째로 사용법이 간단하고 편리하여 만성 피부질환을 가진 10대 환자들에게서 문제점으로 지적되는 치료 포기를 낮추고, 셋째는 고질적인 여드름 환자에서 필요한 경우 세 가지 국소 요법의 시도 가능성을 높이며, 넷째로 각각의 단독 요법에 비해 더 큰 치료 효과와 빠른 작용 개시를 보일 수 있다.

A. 이소트렉신™ 겔(Isotretinoin 0.05%- Erythromycin 2%/ 10g)

0.05% 이소트레티노인과 2% 에리스로마이신의 혼합제제로서 경증 및 중등도 여드

름 치료, 염증성 병변과 비염증성 병변 치료에 사용된다. 1일 1~2회 병변 부위에 얇게 도포하며 임부, 가임부, 수유부에 금기이다. FDA 분류 에리스로마이신은 B등급, 이소트레티노인은 X등급이다. 현재 유통/생산되지 않고 있다.

B. 듀악™ 겔 5%(Benzoyl peroxide 5% - Clindamycin 1%/ 10g, 25g)

사진 7-(6)-1. 듀악™ 겔

5% 과산화벤조일과 1% 클린다마이신의 혼합제제로서 경증 및 중등도 여드름의 치료에 사용된다. 1일 1회 밤에 바르며 린코마이신에 대해 과민증인 환자와 위막성 대장염, 궤양성대장염, 국한성 회장염 또는 항생물질 관련 대장염의 병력이 있는 환자, 임부 또는 임신하고 있을 가능성이 있는 여성 및 수유부, 12세 이하의 소아에게는 금기이다. FDA 분류상 C등급이다. 듀악™ 겔 3%(30g)도 유통/생산되고 있다.

C. 에피듀오™ 겔(Adapalene 0.1% - Benzoyl peroxide 2.5%/ 15g, 30g)

0.1% 아다팔렌과 2.5% 과산화벤조일의 혼합제제로서 9세 이상 여드름의 국소 치료에 사용된다. 1일 1회 저녁에 사용하며 9세 미만의 소아, 임부에게는 금기이며 수유부에게는 주의를 요한다. 손상된 피부, 일광화상, 습진 피부 및 신체 광범위한 부위의

중증 여드름 병변에는 사용하지 않는다. FDA 분류상 C등급이다.

사진 7-(6)-2. 에피두오™ 겔

D. 벤자마이신™ 겔(Benzoyl peroxide 5% + Erythromycin 3%/ 23.3g)

5% 과산화벤조일과 3% 에리스로마이신의 혼합제제로서 여드름의 국소 치료에 사용된다. 70% 에탄올을 에리스로마이신이 들어있는 통의 표시선까지 넣고, 분말이 완전히 녹도록 즉시 흔든 다음, 용액을 겔 기제에 가하여 외관상 균질하게 될 때까지 1분 정도 잘 혼합하여 사용한다. 1일 2회 아침저녁으로 바르며 12세 미만의 소아와 임부에게는 금기이고, 수유부는 신중히 투여한다. FDA 분류상 C등급이다. 현재 유통/생산되지 않고 있다.

(7) 기타 국소 치료제

그 외, 국내에서 이부프로펜 피코놀(Ibuprofen piconol) 성분이 함유된 뉴라킨™ 크림 5%(10g, 20g)가 현재 습진성 피부염, 대상포진과 함께 보통여드름에 사용되고 있는데, 5,220예 중 126예(2.41%)에서 부작용이 나타났고, 주요 부작용은 발진, 자극감, 가려움증 등 모두 접촉피부염 및 국소 피부 증상으로 보고되었다. 외국에서는 천연 피토알렉신인 레스베라트롤을 함유한 겔의 여드름 치료 효과가 보고된 바 있고, 국소 항안드로겐제제인 1% cortexolone 17a-propionate 크림과 여드름균에 대한 항균작용과 항염작용을 보이는 국소 taurine bromamine의 여드름 치료에 대한 효과와 안전성이 보고되고 있다. 또한, 과산화수소 크림 (Crystacide™ 1% cream), 5% 국소용 답손(Aczone™ Gel)이 염증성 및 비염증성 여드름의 치료에 사용되고 있다.

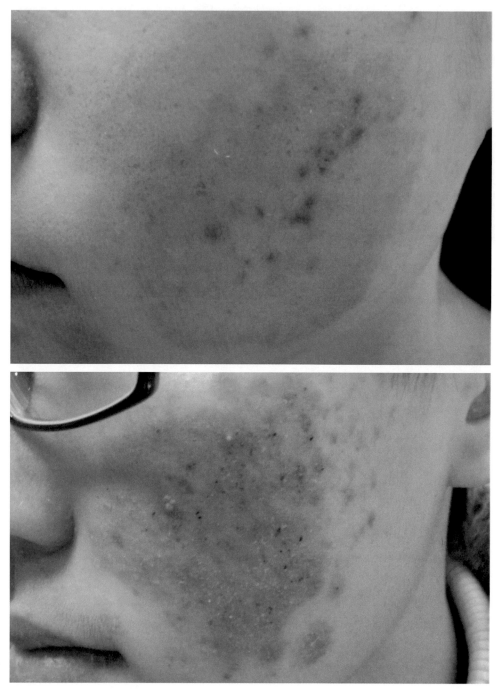

사진 7-2~3. 흔히 관찰되는 여드름 국소 치료제의 부작용

참고문헌

1. 권철욱, 노영석, 김재홍, 조소연, 강형철, 함정희. Quinlolone 유도체 국소도포에 의한 좌창치료의 임상적 연구. 임상약리학회지 1994; 2 (2): 160-6.

2. 기호균, 윤숙정, 이지범, 김성진, 이승철, 원영호. 여드름 환자에서 세균배양과 항생제 감수성에 관한 연구. 대한피부과학회지 2005; 43 (7): 871-5.

3. 김낙인. 여드름의 국소치료. 피부과 전문의를 위한 Update in Dermatology 2003; 1 (1): 17-20.

4. 김영조, 선정우, 정병수, 최규철. 여드름 환자에서 adapalene 겔과 tretinoin 크림의 split-face 비교 연구. 조선대학교 의대논문집 2000; 25 (1): 57-66.

5. 노영석. 여드름 환자에 NADIXA(R)Cream (Nadifloxacin 1% Cream) 도포를 통한 유효성과 안전성 평가 (초). 대한피부과학회 초록집 2009; 47 (20): 82.

6. 설정은, 전지승, 심현수, 서종근, 이드보라, 고재경, 성호석. Measurement for skin irritation of adapalene 0.1% and benzoyl Peroxide 2.5% combination gel(Epiduo(R)) (초). 대한피부과학회 초록집 2010; 48 (20): 145.

7. 설정은, 홍순권, 서종근, 이드보라, 성호석. 경도 및 중등도 여드름 환자에서 Nadifloxacin 1% Cream 도포 후 피부 장벽 기능의 변화 및 효과에 대한 연구. 2012; 50 (6): 491-6.

8. 성범진, 김영호, 윤지석, 이증훈, 박장규. 피부과 영역에서 Azelaic acid의 여드름 치료에 대한 유효성 및 안전성 연구. 最新醫學 1992; 35 (9): 86-90.

9. 안성구, 성열오, 송중원. 여드름 바이블: 진단과 치료. 도서출판 진솔 2006: 283-301.

10. 이가영. 한국형 여드름 치료 가이드라인: 레티노이드. 대한피부과학회 초록집 2010; 48 (20): 99-100.

11. 이미경, 국홍일, 명기범. 실험적으로 유도된 가토의 면포에 수종 여드름 국소치료제의 면포 용해 능력에 대한 비교연구. 대한피부과학회지 1990; 28 (5): 543-9.

12. 이영석, 심현수, 서종근, 이숙경. Adapalene-benzoyl Peroxide Fixed-dose Combination Gel (Epiduo(R))을 이용한 경도와 중등도 여드름의 치료효과에 대한 연구. 대한피부과학회지 2010; 48 (12): 1068-77.

13. 이영석, 정세원, 손현호, 서종원, 최준희, 이숙경. Adapalene-BPO fixed-dose combination gel을 이용한 경도와 중등도 여드름 치료의 효과에 대한 비교연구. 대한피부과학회 초록집 2010; 48 (20): 198-9.

14. Capizzi R, Landi F, Milani M, Amerio P. Skin tolerability and efficacy of combination therapy with hydrogen peroxide stabilized cream and adapalene gel in comparison with benzoyl peroxide cream and adapalene

gel in common acne. A randomized, investigator-masked, controlled trial. Br J Dermatol 2004; 151 (2): 481-4.

15. Dhir R, Gehi NP, Agarwal R, More YE. Oral isotretinoin is as effective as a combination of oral isotretinoin and topical anti-acne agents in nodulocystic acne. Indian J Dermatol Venereol Leprol 2008; 74 (2): 187.

16. Draelos ZD, Carter E, Maloney JM, Elewski B, Poulin Y, Lynde C, Garrett S; United States/Canada Dapsone Gel Study Group. Two randomized studies demonstrate the efficacy and safety of dapsone gel, 5% for the treatment of acne vulgaris. J Am Acad Dermatol 2007; 56 (3): 439.e1-10.

17. Drucker CR. Update on topical antibiotics in dermatology. Dermatol Ther 2012; 25 (1): 6-11.

18. Fabbrocini G, Staibano S, De Rosa G, Battimiello V, Fardella N, Ilardi G, La Rotonda MI, Longobardi A, Mazzella M, Siano M, Pastore F, De Vita V, Vecchione ML, Ayala F. Resveratrol-containing gel for the treatment of acne vulgaris: a single-blind, vehicle-controlled, pilot study. Am J Clin Dermatol 2011; 12 (2): 133-41.

19. Fluhr JW, Degitz K. Antibiotics, azelaic acid and benzoyl peroxide in topical acne therapy. J Dtsch Dermatol Ges 2010; 8 Suppl 1: S24-30.

20. Gamble R, Dunn J, Dawson A, Petersen B, McLaughlin L, Small A, Kindle S, Dellavalle RP. Topical antimicrobial treatment of acne vulgaris: an evidence-based review. Am J Clin Dermatol 2012; 13 (3): 141-52.

21. Karrer P, Morf R, Schoepp K: Zur Kenntnis des Vitamins A in Fischtranen. Helv Chim Acta 1931; 14: 1431-1436.

22. Keating GM. Adapalene 0.1%/benzoyl peroxide 2.5% gel: a review of its use in the treatment of acne vulgaris in patients aged $\geq$ 12 years. Am J Clin Dermatol 2011; 12 (6): 407-20.

23. Kobayashi M, Nakagawa T, Fukamachi K, Nakamura M, Tokura Y. Efficacy of combined topical treatment of acne vulgaris with adapalene and nadifloxacin: a randomized study. J Dermatol 2011; 38 (12): 1163-6.

24. Langner A, Chu A, Goulden V, Ambroziak M. A randomized, single-blind comparison of topical clindamycin + benzoyl peroxide and adapalene in the treatment of mild to moderate facial acne vulgaris. Br J Dermatol 2008; 158 (1): 122-9.

25. Marcinkiewicz J, Wojas-Pelc A, Walczewska M, Lipko-Godlewska S,

Jachowicz R, Maciejewska A, Białecka A, Kasprowicz A. Topical taurine bromamine, a new candidate in the treatment of moderate inflammatory acne vulgaris: a pilot study. Eur J Dermatol 2008; 18 (4): 433-9.

26. Martin B, Meunier C, Montels D, Watts O. Chemical stability of adapalene and tretinoin when combined with benzoyl peroxide in presence and in absence of visible light and ultraviolet radiation. Br J Dermatol 1998; 139 Suppl 52: 8-11.

27. Pazoki-Toroudi H, Nassiri-Kashani M, Tabatabaie H, Ajami M, Habibey R, Shizarpour M, Babakoohi S, Rahshenas M, Firooz A. Combination of azelaic acid 5% and erythromycin 2% in the treatment of acne vulgaris. J Dermatolog Treat 2010; 21 (3): 212-6.

28. Sardana K, Garg VK, Sehgal VN, Mahajan S, Bhushan P. Efficacy of fixed low-dose isotretinoin (20 mg, alternate days) with topical clindamycin gel in moderately severe acne vulgaris. J Eur Acad Dermatol Venereol 2009; 23 (5): 556-60.

29. Sato T, Shirane T, Noguchi N, Sasatsu M, Ito A. Novel anti-acne actions of nadifloxacin and clindamycin that inhibit the production of sebum, prostaglandin E(2) and promatrix metalloproteinase-2 in hamster sebocytes. J Dermatol 2012; 39 (9): 774-80.

30. Simonart T, Dramaix M. Treatment of acne with topical antibiotics: lessons from clinical studies. Br J Dermatol 2005; 153 (2): 395-403.

31. Simonart T. Newer approaches to the treatment of acne vulgaris. Am J Clin Dermatol 2012; 13 (6): 357-64.

32. Thielitz A, Abdel-Naser MB, Fluhr JW, Zouboulis CC, Gollnick H. Topical retinoids in acne--an evidence-based overview. J Dtsch Dermatol Ges 2008; 6 (12): 1023-31.

33. Trifu V, Tiplica GS, Naumescu E, Zalupca L, Moro L, Celasco G. Cortexolone 17α-propionate 1% cream, a new potent antiandrogen for topical treatment of acne vulgaris. A pilot randomized, double-blind comparative study vs. placebo and tretinoin 0·05% cream. Br J Dermatol 2011; 165 (1): 177-83.

34. Tunca M, Akar A, Ozmen I. Topical nadifloxacin 1% cream vs. topical erythromycin 4% gel in the treatment of mild to moderate acne. Int J Dermatol 2010; 49 (12): 1440-4.

제8장. 여드름 전신 치료제

사진 8-1. 여드름 먹는 약 - 이소트레티노인 제제

널리 알려져 있는 여드름의 정의와는 달리, 대개의 여드름은 방치해도 저절로 낫는 질환이 아니므로 제때 적절한 치료가 이루어지지 않으면 흉터처럼 돌이킬 수 없는 후유증이 남고, 삶의 질이 손상된다. 여드름 치료는 중증도에 따라 다양한 약제를 사용할 수 있는데, 국소 치료제에 반응이 없는 여드름과 흉터를 남길 정도의 중등도 및 중증의 여드름은 경구 치료제 투여에 의한 전신 치료가 이루어져야 한다.

경구 치료제로는 항생제, 레티노이드, 호르몬제 등이 사용되며, 이러한 전신 치료는 국소 치료에 비해 빠른 치료 효과를 보이지만 부작용, 약물 알레르기, 약물 상호 작용, 약물의 태아에 대한 영향 등을 충분히 고려하여 투여하여야 한다. 원칙적으로 투여 기간이 지켜져야 하는데, 항생제의 경우는 4~8개월, 이소트레티노인은 4~6개월,

호르몬제는 1~4년간 지속적으로 투여한다. 증상의 호전 정도에 따라 차츰 중단하거나 감량하며, 국소 치료와 병행하는 것이 더욱 효과가 크다.

1. 항생제(Antibiotics)

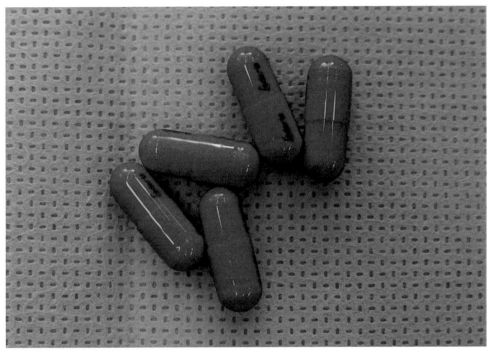

8-1-1. 여드름 치료에 사용되는 경구용 항생제의 예

1) 작용 기전

현재 여드름 치료를 위해 주로 사용되고 있는 항생제는 테트라사이클린계와 마크롤라이드계 항생제이다. 그 외 트리메토프림-설파메톡사졸, 클린다마이신, 세팔로스포린, 암피실린, 플루오로퀴놀론 등이 사용되고 있다. 항생제는 여드름의 비염증성 병변인 면포에 직접 작용하지 않고 면포 분해 효과도 없다. 하지만 (1) 여드름세균의 증식을 직접 억제하고, (2) 여드름세균의 지방분해효소를 억제시키며, (3) 유리지방산을 감소시키고, (4) 직접 또는 간접적인 작용으로 항염증 효과를 나타낸다. 그러므로 염증성 병변을 감소시키는 데 효과적이고, 또한 미세면포 내의 여드름균을 억제하여 새로운 구진과 농포의 발생을 막는다.

2) 적응증

항생제는 여드름 치료에 가장 널리 쓰이는 경구 치료제이다. 하지만 항생제가 모든 환자에게 효과적이지는 않으므로 환자 개인의 임상 양상에 따라 적합한 약제를 선택하는 것이 중요하다. 경구 항생제는 (1) 중등도 또는 중증의 여드름, (2) 국소 치료에 반응을 보이지 않는 경우, (3) 초기 염증 후 색소침착을 보이는 경우, (4) 반흔이 예상되는 경우, (5) 정신적 스트레스, (6) 직업상의 문제, (7) 흉부, 체간의 병변, (8) 환자의 순응도가 낮은 경우 등에 사용한다. 항생제의 전신 투여는 약물이 피지샘과 모낭 내에 더 높은 농도로 도달할 수 있으므로 국소 치료보다 효과가 크다. 하지만 치료에 실패하지 않도록 하기 위해서는 환자가 약을 꾸준히 복용해야 하며, 항생제 투여 시작 시 환자에게 최소한 1개월 이내에 급격한 호전이 있을 것으로 기대하지 않도록 주지시키는 것이 좋다.

3) 병합 요법

병합 요법은 치료 효과를 극대화하고 부작용을 최소화하기 위해 사용된다. 단독적인 항생제 경구 치료만으로 모든 염증성 여드름이 조절되지는 않기 때문에, 국소 레티노이드와의 병용 치료가 더 효과적이다. 예컨대, 테트라사이클린 계열의 경구용 항생제와 국소 치료제인 트레티노인을 병행하여 사용하는 경우 각각 다른 두 약제의 작용 기전뿐만이 아니라, 레티노이드에 의한 혈류량 증가로 조직 내 항생제의 농도가 더 높아지는 효과를 보인다. 또한, 경구 항생제와 국소 치료제인 과산화벤조일을 병용하는 경우도 마찬가지의 효과를 보인다. 하지만 여러 종류의 다른 경구 항생제를 병용 투여하거나, 동시에 국소 항생제와 경구 항생제를 병용하는 것은 다양한 항생제의 과다 사용으로 내성이 증가하는 결과를 초래할 수 있으므로 바람직하지 않다.

4) 치료 기간

항생제를 얼마 동안 써야 하는지 항생제 투여 기간에 대한 기준은 없으나, 여드름은 만성 질환이므로 최소 4~6개월 이상 충분히 투여하는 것이 좋다. 물론 수년간 사용할 수도 있으나, 필요한 경우에 비정기적으로 투여한다. 항생제 투여에 효과가 없는 경우는 다른 치료 방법을 모색해야 한다. 하지만 항생제를 12주 이상 사용하는 경우에는 주기적으로 면밀히 관찰하여 적절한 유지용량을 찾는 것이 좋다. 최소 유지용량으로는 테트라사이클린 1일 250mg, 미노사이클린 2일 50mg이며, 이상적인 치료는 심한 여드름의 경우에는 힘들지만, 경구 항생제를 중단하고 국소 치료에 의존하는 것이다. 하지만 항생제 중단 후 3~4주 이내에 대개 악화되므로 주기적으로 상태를 체크하여야 한다.

5) 항생제 내성

여드름 병변에서 분리되는 대표적인 세균은 *P. acnes*이지만, *S. epidermidis*와 같은 다른 균들도 배양이 된다. 이러한 균들이 염증반응을 유발하는데 주된 역할을 하게 되므로 염증성 여드름에 항생제를 사용하는 근거가 되고 있다. 여드름에서 항생제 치료는 효과적이지만, 항생제의 장기간 사용에 의한 결과로 여드름 발생에 관여하는 균주나 피부 정상균주에 대한 항생제 내성이 보고되고 있으며, 이는 항생제 사용과 관련하여 늘 염두에 두어야 할 사항이다. 1983년 Leyden 등이 처음으로 *P. acnes*에 대한 항생제 내성을 보고하면서, 장기간 테트라사이클린을 복용한 환자의 최저발육저지농도는 항생제 치료를 받지 않는 대조군과 여드름이 없는 환자보다 4~5배 더 높은 것을 보고하였다. 더군다나 에리스로마이신의 최저발육저지농도는 여드름이 없는 군에 비해 100배 이상 증가되어 있었으며, 테트라사이클린과 에리스로마이신을 같이 사용하는 경우 테트라사이클린은 5배, 에리스로마이신은 20배 정도 최저발육저지농도가 더 높았다고 하였다.

국내에서는 항생제 감수성에 대한 연구가 미비한 편이나, 2005년 국내 보고에 의하면 여드름 환자에서 분리되는 대표적인 균은 *P. acnes*와 *S. epidermidis*이고, *P. acnes*에 대한 테트라사이클린의 최저발육저지농도는 낮은 분포를 보여 아직까지 *P. acnes*의 내성균의 출현은 흔하지 않은 것으로 보인다고 하였으나, *S. epidermidis*의 내성율은 비교적 높아 여드름 치료에 있어서 향후 장기간 항생제를 사용할 때 내성균의 발현 가능성을 고려하여 여러 항생제에 대한 감수성 검사가 필요할 것이라고 하였다. 그러므로 치료 시작 시 좋은 반응을 보이다가 나중에 구진과 농포가 재발하는 경우는 항생제 내성도 고려해 보아야 한다. 이런 경우 항생제에 대한 감수성 측정이 도움을 줄 수 있으나, 특히 혐기성 균인 *P. acnes*는 배양이 용이하지 않으며 검체 채취에서도 세심한 조작이 요구되므로 어려움이 있다. 또한, 항생제 내성을 최소화하기 위해서는 장기간의 항생제 투여보다는 국소 레티노이드와 각질용해제를 병용하는 것이 현명하다. 즉, 경구 항생제와 레티노이드나 과산화벤조일과 같은 국소도포제를 병용 투여하는 것이 바람직하다. 한 가지 경구 항생제에 치료 효과가 좋았던 환자에서 재치료 시에 다른 항생제보다는 동일한 항생제를 우선 투여하는 것이 권장된다. 하지만 여러 종류의 다른 경구 항생제를 병용 투여하거나, 동시에 국소와 경구 투여하는 것은 항생제의 과다 사용으로 내성이 증가하는 결과를 초래할 수 있으므로 주의하여야 한다.

6) 임신 시 여드름 치료

임신한 여성이 여드름 치료를 원할 경우에 가장 바람직한 약제는 국소 도포제인 아젤라산(FDA- B등급) 및 경구용 에리스로마이신(FDA-B등급)이다. 하지만 독시사이클린, 미노사이클린을 포함한 테트라사이클린 계통의 약제는 FDA 분류상 D등급이며, 이소트레티노인은 X등급으로 절대 사용하여서는 안된다.

7) 여드름 치료 항생제

A. 테트라사이클린(Tetracycline)계열

테트라사이클린계 약물			
테트라사이클린	tetracycline	메타사이클린	metacyclin
클로르테트라사이클린	chlortetracycline	글리코사이클린	glycocycline
옥시테트라사이클린	oxytetracycline	구아메사이클린	guamecycline
데메클로사이클린	demeclocycline	리메사이클린	lymecycline
미노사이클린	minocycline	산사이클린	sancycline
독시사이클린	doxycycline		

표 8-1-2. 테트라사이클린계 항생제

테트라사이클린계의 경구 항생제는 중등도 및 중증 여드름, 국소 치료에 저항하는 여드름, 신체 표면에 광범위하게 분포하는 여드름의 경우에 사용된다. 미국과 유럽 내에서 항생제 저항성 여드름에 대한 심각한 우려가 있음에도 불구하고, 테트라사이클린계 항생제는 여전히 여드름 치료에 있어서 필수적인 역할을 담당하고 있으며, 여드름의 항생제 요법에 있어서 1차 선택약으로 여겨지고 있다. 테트라사이클린은 세균 리보솜의 30S 서브유니트와 결합하여 단백 합성을 저해시키는 정균성 항생제로서 옥시테트라사이클린, 염산테트라사이클린과 같은 1세대와 독시사이클린, 미노사이클린 및 리메사이클린과 같이 긴 반감기와 높은 항균성을 가지며 독성이 낮은 2세대가 있다. 이들의 장점은 모두 지용성이 높아, 수용성이 높은 항생제인 페니실린계열 및 세팔로스포린계열의 항생제보다 여드름 병변 내에서 높은 농도를 유지할 수 있다는 점이다. 특히 2세대 약물들은 지용성이 매우 높아서 치료 효과가 우수하고 내성의 문제가 적으며 복용 방법이 간편하고 공복 시에 투약할 필요가 없다는 것과 같은 약동학적 프로필에 있어서 장점을 많이 가지고 있지만, 약값이 더 비싸다는 문제가 있다.

테트라사이클린계 항생제 중에서 어떤 약제가 선호되는가는 진료한 의사에 따라, 나라에 따라 차이가 있으며, 부분적으로는 광과민성과 관련된 기후 조건, 의약품 경제성, 약효에 대한 근거 중심의 자료 부족 등에 의해 영향을 받는다.

a. 1세대 테트라사이클린(First-generation cyclines)

사진 8-1-3. 테라싸이클린™ 캡슐 250mg(tetracycline hydrochloride)

현재 국내 유일하게 생산되고 있는 테라싸이클린™ 캡슐 250mg은 안전하고 저렴한 약으로 1일 1g을 4회 또는 2회 분할 공복에 경구 투여한다. 음식, 우유, 소다에 의해 흡수가 저해되므로 식전 1시간 또는 식후 2시간에 투여되어야 한다. 철분제, 아연 또는 알루미늄, 마그네슘, 칼슘이 포함된 제산제와 동시에 복용해서는 안 된다. 메스꺼움과 같은 경미한 소화기계의 부작용 증상이 나타날 수 있는데, 이는 장내세균의 변화 때문으로 환자는 쉽게 적응된다. 식도에 정류하여 붕괴가 되면 드물게 식도 손상을 일으킬 수 있으므로 다량의 물과 함께 복용하며, 취침 직전의 복용 등에는 특별히 주의하여야 한다. 테트라사이클린은 신장에서 배설되므로 신부전증 환자에서는 사용하지 않아야 한다. 테트라사이클린은 성장 중인 치아에 비가역적인 변색(황색-회색-

갈색)을 유발하며, 치아의 에나멜 형성부전도 보고되고 있다. 또한, 태아의 골 성장을 억제하므로 임산부, 수유부 및 12세 이하의 소아에 투여하지 않아야 한다. 12세 이상의 경우에도 일시적인 치아 착색이 올 수 있다. 테트라사이클린은 광독성 유발물질로서, 복용할 때 심한 일광화상을 유발하는 광감수성이 나타날 수 있다. 환자에게 이러한 사실을 알려주어 일광에의 노출을 피하고 자외선차단제를 철저히 바르도록 하여야 하며, 피부 홍반 증상이 나타나는 경우 복용을 즉시 중지하도록 한다. 경우에 따라 노출된 손발톱에 손발톱박리증을 유발하기도 한다. FDA 분류상 D등급이다.

b. 2세대 테트라사이클린(Second-generation cyclines)

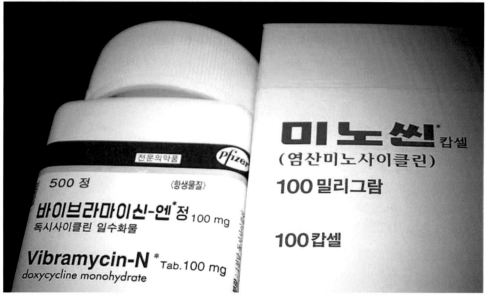

사진 8-1-4. 2세대 테트라사이클린

2세대 테트라사이클린 제제로는 독시사이클린, 미노사이클린이 주로 처방되고 있는데, 이들은 모두 지용성이 매우 높아 수용성이 높은 항생제인 페니실린계열 또는 세팔로스포린계열의 항생제보다 피지선이나 면포 등 여드름 병변 내에서 높은 농도를 유지할 수 있어서 치료 효과가 우수하고 내성균의 문제가 적다. 특히 1일 2회 투여하므로 복용이 편리하고 공복 시 투약할 필요가 없다는 점은 환자의 순응도를 높여 주는 효과가 있다. 하지만 1세대에서 나타나지 않는 부작용이 나타날 수 있으므로 주의가 필요하다. 독시사이클린은 옥시테트라사이클린으로부터 합성 유도된 항생제로, 다른 테트라사이클린계 항생제와는 달리 음식이나 우유 섭취에 의해 흡수에 별로 영향을 받지 않는다. 하지만 식도에 정류하여 붕괴되면 드물게 식도 손상을 일으킬 수 있으므로 다량의 물과 함께 복용하며, 서거나 앉은 자세로 복용하고, 적어도 취침 1시간 전에 복용하는 것이 안전하다. 흔히 바이브라마이신-엔 정™(doxycycline monohydrate 100mg) 50mg~100mg을 하루 2번 투여한다. 독시사이클린 역시 심한 일광화상을 일으키는 광감수성이 나타날 수 있으므로 직사광선이나 자외선에 노출되는 환자에게는 이러한 사실을 알려 주어 주의하도록 하며, 피부 홍반 증상이 나타나는 경우에는 즉시 복용을 중지하도록 한다. 하지만 다른 테트라사이클린 제제에 비해 광독성의 빈도는 낮아, 약 4% 정도로 보고되고 있다. 또한, 미노사이클린 복용 시에 나타나는 것과 같은 색소침착도 거의 없는 것으로 알려지고 있다. 하지만 임산부, 수유부 및 12세 이하의 소아에 투여하지 않아야 한다. FDA 분류상 D등급이다.

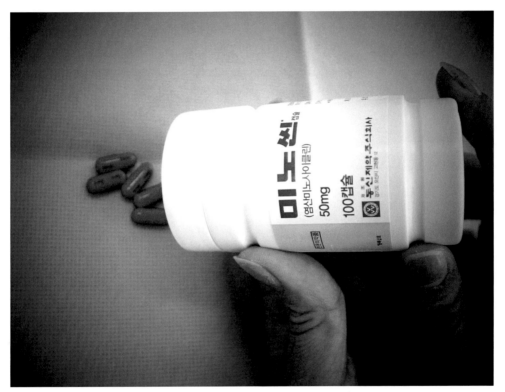

사진 8-1-5. 미노씬 캡슐™(minocycline hydrochloride 50mg)

미노사이클린 역시 2세대 테트라사이클린 계열의 약물로, 일반적으로 테트라사이클린계 항생제 중 가장 효과적인 것으로 알려진다. 염증성 여드름 병변의 숫자 감소에 있어서는 테트라사이클린이나 독시사이클린만큼 효과를 보이지만, 테트라사이클린과 비교하면 더 빠른 임상적 호전을 가져다 준다. 흔히 미노씬 캡슐™(minocycline hydrochloride 50mg) 50~100mg을 하루 2회 투여한다. 식후 투약하면 흡수율이

15~30% 정도 감소하지만, 반드시 공복에 투약할 필요는 없다. 미노사이클린은 여드름 치료에 효과적이나 테트라사이클린보다 오심, 구토가 흔하며 중간 정도의 광독성 발생률을 나타낸다. 고령자에 투여 시 비타민K 결핍 증상이 나타날 수 있다. 성인에서 가성뇌종양(양성두개내고혈압)이 나타난다는 보고가 있으나, 투여를 중지하면 이러한 증상은 사라진다. 드물게는 미노사이클린을 오랜 기간 지속적으로 복용하는 경우에 그 용량과 비례하여 햇빛 노출 부위인 피부와 점막에 청색 및 흑색의 색소침착이 유발될 수 있다. 보통 약물 투여 중단 후 18개월 내에 서서히 엷어지지만 조갑, 치아, 공막에 발생한 갈색과 회색의 색소침착은 지속된다. 임산부, 수유부 및 12세 이하의 소아에 투여하지 않아야 한다. FDA 분류상 D 등급이다.

B. 마크롤라이드(Macrolide) 계열

마크롤라이드계열 항생제		
US FDA-approved	Azithromycin	아지스로마이신
	Clarithromycin	클래리스로마이신
	Dirithromycin	디리스로마이신
	Erythromycin	에리스로마이신
	Roxithromycin	록시스로마이신
	Telithromycin	텔리스로마이신
Non US FDA-approved	Carbomycin	카보마이신
	Josamycin	조사마이신
	Kitasamycin	키타사마이신
	Midecamycin	미데카마이신
	Oleandomycin	올레안도마이신
	Solithromycin	솔리스로마이신
	Spiramycin	스피라마이신
	Troleandomycin	트롤레안도마이신
	Tylosin/tylocine	틸로신

표 8-1-6. 마크롤라이드계 항생제

a. 에리스로마이신(Erythromycin)

에리스로마이신은 세균의 리보솜의 50S 서브유니트에 결합하여 단백 합성을 저해시키는 대표적인 마크롤라이드계의 정균성 항생제로서, 지용성이며 이온화 경향이 낮아 피부나 체액 내로 침투가 잘되는 것으로 알려져 있다. 임산부, 수유부, 테트라사이클린에 부작용이 있는 환자와 테트라사이클린을 투여할 수 없는 12세 미만의 환자에 사용한다. 250~500mg을 1일 2회 투여한다. FDA 분류상 B등급에 해당하는 약제이다. 소화기계의 부작용이 용량과 비례하여 5~30%에서 나타나서 오심, 구토, 설사, 식도불쾌감이 동반된다. 광독성은 없으나, 사이토크롬 P450을 억제하므로 이 효소에 의해 대사되는 약제의 혈중 농도를 증가시킨다. 여드름균에 대한 항생제 내성이 문제가 되며, 현재 국내 유통/생산되는 경구 에리스로마이신제제는 없다.

b. 록시스로마이신(Roxithromycin)

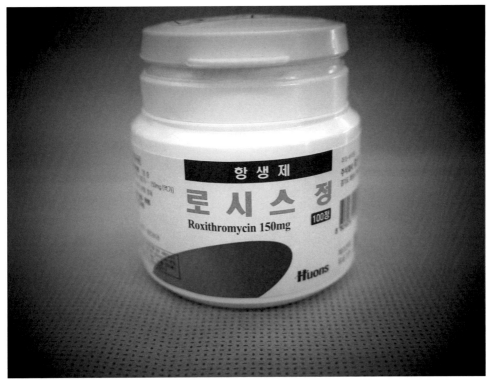

사진 8-1-7. 로시스 정™(roxithromycin 150mg)

록시스로마이신은 마크롤라이드계 항생제이며 에리스로마이신의 반합성 유도체로서, 감수성이 있는 세균의 리보솜의 50S 서브유니트에 결합하여 단백질 합성을 차단하여 효과를 나타낸다. 록시스로마이신의 항균 범위는 에리스로마이신과 비슷하나, 경구 투여 시 위산에 안정하여 위장관 흡수가 우수하고 반감기가 길어 혈장과 조직 중 농도가 오래 지속되는 장점이 있다. 경구 투여 시 빠르게 흡수되어 약 1~2시간 후에 최고 농도에 도달하며, 생체이용률은 약 50%이다. 위장장애가 미약하고 간장, 신장에 대한 장애가 적다. 테르페나딘, 아스테미졸, 시사프라이드, 피모지드, 에르고트 알칼로이드, 미졸라스틴을 투여받는 환자에게는 금기이다. 흔히 사용되는 로시스 정™ (roxithromycin 150mg)은 150mg을 1일 2회 식전 복용한다. 록시스로마이신 하루 300mg을 2~4주 투여한 후 여드름 증상을 평가한 연구에서 염증성 여드름에 대한 치료 효과를 가지며 삶의 질의 향상을 가져온다고 보고되고 있다. 호주 ADEC 분류 상 B1등급이다.

c. 클래리스로마이신(Clarithromycin)

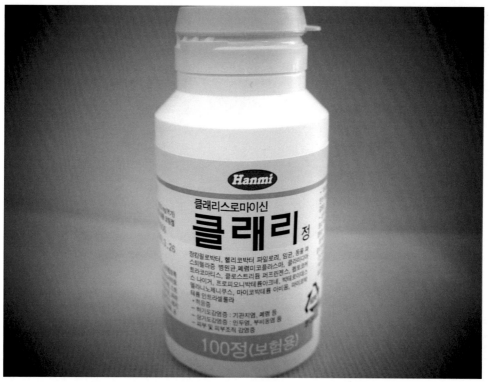

사진 8-1-8. 클래리 정™(clarithromycin 250mg)

클래리스로마이신은 에리스로마이신의 반합성 유도체로서 각종 감염증 모델에서 양호한 조직 이행성을 나타내며, 에리스로마이신보다 더 우세한 방어 및 치료 효과를 보이는 마크롤라이드계 항생제이다. 에리스로마이신보다 산에 더 안정하고 체내에서 높은 혈중 농도가 유지되며 기존 마크롤라이드계 항생제보다 더 효과적으로 요로 배설된다. 그람양성균에 대해 에리스로마이신이나 록시스로마이신보다 더 우월한 효과를 나타낸다. 위장장애가 흔히 나타날 수 있지만, 에리스로마이신보다 경미하며 간, 신장애 환자에게는 주의를 요한다. 테르페나딘, 시사프리드, 피모지드, 아스테미졸, 돔

페리돈, 미졸라스틴, 베프리딜, 로바스타틴, 심바스타틴을 투여받고 있는 환자에게는 금기이다. 흔히 사용되는 클래리 정™(clarithromycin 250mg)은 250mg~500mg을 1일 2회 복용한다. FDA 분류상 C등급이다.

d. 아지스로마이신(Azithromycin)

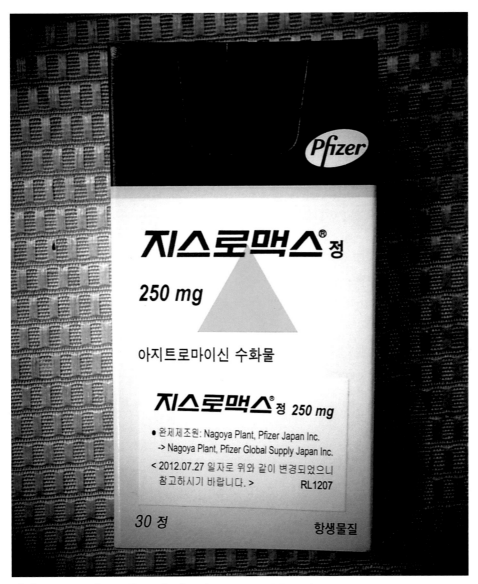

사진 8-1-9. 지스로맥스 정™(azithromycin 250mg)

아지스로마이신은 에리스로마이신에서 유래한 아잘라이드계의 반합성 마크롤라이드 항생제로서, 다른 마크롤라이드계 항생제와는 구조상의 차이로 인해 다른 화학적, 미생물학적, 약물역학적 특징을 가지고 있다. 즉, 세포 및 조직 침투력이 매우 강해졌고, 반감기가 더욱 연장되었다. 다양한 그람양성균에 효과를 보이고, 혐기성균 특히 *P. acnes*에 효과를 보이며 그람음성균과 세포 내 병원체에 대한 항균력도 더욱 강해졌다. 에리스로마이신에 비해 위산에 대해 안정하며, 치료 기간을 단축할 수 있다는 장점이 있다. 임신 시에도 비교적 안전하게 사용할 수 있으며, 부작용이 작고, 비용 효율이 커서 환자 순응도를 높일 수 있다. 에르고트 알칼로이드 투여 중에는 금기이며, 중증의 간, 신장애 환자에게는 주의를 요한다. 흔히 사용되는 지스로맥스 정™ (azithromycin 250mg)은 1주에 3일 연속 250-500mg/day를 4-12주간 처방하는 방법, 1주에 3일 연속 500mg/day를 4주 복용하고 다음 8주간 250mg/day를 격일로 복용하는 방법, 매달 4일 연속 하루 500mg 복용을 3개월간 반복하는 방법 등이 효과적인 것으로 보고되고 있다. FDA 분류상 B등급이다.

C. 트리메토프림-설파메톡사졸
(Trimethoprim-sulfamethoxazole, co-trimoxazole)

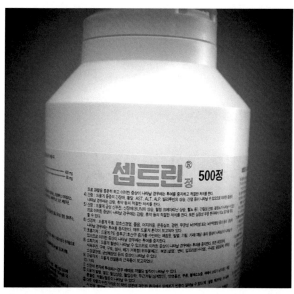

사진 8-1-10. 셉트린 정™(sulfamethoxazole 400mg-trimethoprim 80mg)

트리메토프림-설파메톡사졸은 각각의 성분이 1:5로 함유되어 있으며 지용성으로 테트라사이클린과 유사하게 여드름에 효과가 있다. 세균의 핵산 합성을 방해하여 항균 효과를 나타내지만, 피지 생성에는 영향을 미치지 못한다. 약값이 비싸지 않으나 스티븐스존슨증후군, 독성표피괴사용해, 다형홍반, 박탈성홍피증, 골수억제 등 심각한 약물 부작용을 야기할 수도 있으므로, 여드름에 1차 선택약으로 사용하지는 않는다. 테트라사이클린이나 에리스로마이신 치료에 저항하는 중증의 염증성 여드름과 그람음성모낭염 치료에 선택적으로 사용할 수 있다. 국내에서 유일하게 생산되고 있는 셉트린 정™(sulfamethoxazole 400mg-trimethoprim 80mg)을 성인 및 12세 이상의 소아에서 1회 2정을 1일 2회 12시간마다 식후 경구 투여하고, 14일 이상 장기 투여시 유지량으로 1회 1정을 1일 2회 투여한다. FDA 분류상 C등급이다.

인후통, 발열, 관절통, 기침, 호흡곤란, 창백, 자색반, 황달 등은 스티븐스존슨증후군, 독성표피괴사용해(리엘증후군), 전격성간괴사, 무과립구증, 재생불량빈혈, 기타 혈액질환 및 호흡기계 과민반응을 포함한 중증 이상 반응의 초기 증상일 수도 있으므로 피부발진이나 다른 이상 반응의 증상이 나타나는 즉시 투여를 중지한다. 이러한 스티븐스존슨증후군과 같은 심각한 약물 부작용이 트리메토프림-설파메톡사졸 약제의 설폰아마이드 성분과 더 연관되어 있을 것이므로, 트리메토프림 1일 200~400mg 단독 사용이 염증성 여드름의 치료에 더 안전하고 효과적이라는 보고가 있으나 트리메토프림 단독 성분의 약품은 현재 국내에서 유통/생산되지 않는다.

D. 클린다마이신(Clindamycin)

클린다마이신은 린코마이신의 함염소 유도체로, 세균 리보솜의 50S 서브유니트에 결합하여 단백질 합성을 저해하여 항균 작용을 가진다. 마크롤라이드계 항생제와 근사한 항균 스펙트럼이 있지만, 혐기성 균에 대해서는 좀 더 강력한 항균력을 갖는다. 경구 클린다마이신이 염증성 여드름에 테트라사이클린처럼 효과적인 것으로 보고되고 있으나, 위막성 대장염의 발생 위험이 있으므로 여드름 환자에서 일상적인 경구용 항생제로 사용되지는 않고 주로 국소치료제로 이용된다. 홀그램 캡슐™(clindamycin hydrochloride 150mg) 150~300mg을 1일 4회 투여한다. 에리스로마이신 제제와 병용 금기이며, FDA 분류상 B등급이다.

E. 플루오로퀴놀론(Fluoroquinolone)

퀴놀론은 합성 화합물이며, 세균의 DNA 선회효소를 억제하여 DNA의 복제를 방해함으로써 항균작용을 나타낸다. 퀴놀론의 구조에 불소기가 부착된 플루오로퀴놀론은 퀴놀론에 비해 더 넓은 항균 범위를 가지며, 체내 흡수율이 향상되고 부작용도 줄어들어 오늘날 적지 않은 비중으로 쓰임새가 많아졌다. 레보플록사신이 염증성 여드름의 치료에 효과가 있다는 최근 보고가 있다. 레보파신 정™(levofloxacin hydrate 100mg) 등을 1일 100mg 3회 4주간 투여하거나, 또는 1일 500mg 1회 2주간 투여한다. 하지만 레보플록사신 등의 퀴놀론계 항균제를 투여받은 환자 중에서 외과적 수술이 필요하거나, 또는 장애 기간의 연장을 유발하는 어깨, 손, 아킬레스건 등의 건파열이 보고되었으며, 신경 근육 차단 작용이 있어 중증근무력증 환자의 경우 증상이 더 심해질 수 있으므로 주의하여야 한다. FDA 분류상 C등급이다.

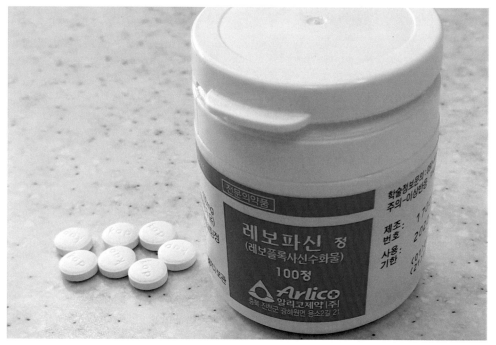

사진 8-1-11. 레보파신 정™(levofloxacin hydrate 100mg)

F. 기타 항생제

그 외에도 세팔로스포린, 암피실린 등이 여드름 경구용 전신 치료제로 사용될 수 있다. 하지만 통상적인 여드름 치료용으로 사용되는 것은 아니며, 여드름 치료를 위해 광범위 항생제를 장기간 사용하는 도중 농포성 또는 낭종성 병변이 갑작스럽게 발생하는 경우 그람음성모낭염의 가능성을 염두에 두고 세균배양검사를 시행할 필요가 있으며, 그러한 경우 기존의 항생제 치료를 중단하고 균에 대해 감수성을 갖는 항생제를 사용하거나 이소트레티노인의 사용을 고려하여야 한다.

2. 레티노이드(Retinoids)

경구용 이소트레티노인(isotretinoin, 13-cis-retinoic acid)

사진 8-2-1. 경구용 이소트레티노인

이소트레티노인은 트레티노인의 합성 입체이성체로서, 1982년 미국에서 처음 소개된 이후 40년 가까이 사용되고 있으며 현재 항생제와 더불어 가장 흔히 사용되는 여드름 치료제 중의 하나이다. 특히 여드름의 4가지 주요 병인인 피지 분비의 증가, 모공 과다각화로 인한 면포 형성, 여드름세균의 증식, 염증반응에 모두 효과적으로 작용하는 유일한 여드름 치료제로서, 가장 낮은 재발률로 장기간의 여드름 소실 효과를 보이기 때문에 현재까지 개발된 약물 중 가장 뛰어난 혁신적인 여드름 치료제로 평가받고 있다.

1) 작용 기전

이소트레티노인를 투여하고 1~6시간(평균 3.2시간)이면 빠르게 흡수되어 최고 혈중 농도에 도달한다. 생체이용률은 약 25% 정도로 낮지만, 지방 친화성이 높아 기름진 음식과 함께 복용하면 생체 이용률이 증가하므로 식사 중 또는 식사 직후에 복용하거나 우유와 함께 복용하는 것이 권장되고 있다. 이소트레티노인의 99% 이상은 혈장단백질(알부민)과 결합하게 되며 대부분은 간에서 대사된다. 주요 혈중 대사산물은 4-옥소-이소트레티노인으로, 대부분은 담도를 통해 배설된다. 반감기는 7-39시간(평균 약 20시간)으로 간, 지방조직에 축적되지 않는다. 하지만 임부에서 태반을 통과하며, 수유부에서는 모유로 분비될 가능성이 높다. 이소트레티노인은 여드름 발생에 관여하는 4가지 병인을 모두 효과적으로 억제하는 현재까지 유일한 단일 제제이다.

A. 피지 생성의 억제

이소트레티노인은 테스토스테론을 더 활성이 강한 디하이드로테스토스테론(DHT)으로 전환시키는 데 관여하는 5-알파 환원효소(5-α-reductase)를 억제시켜 활성형 안드로겐의 생성을 감소시키므로 피지 생성을 저해한다. 표피에서 안드로겐 수용체의 감소가 나타난다는 보고도 있다. 복용 2주 이내에 피지 감소가 나타나고, 용량의존적인 피지샘 활성의 억제가 관찰된다. 피지샘의 분화와 성장이 억제되어 조직학적으로 피지세포의 수가 감소하고 피지샘의 크기가 작아진다. 피지의 지질 성분의 변화도 나타나서 피지세포의 세포막을 구성하는 지질인 콜레스테롤은 증가하고, 피지세포 내에서 새롭게 생성되는 왁스에스테르나 스쿠알렌은 감소한다. 피지의 감소가 두피, 체간, 상지, 하지에서도 나타나므로 피부 건조와 가려움증이 발생하게 된다. 보통 약물 중단 후 2~3주 이내에 피지 생성이 증가하기 시작하여 2~4개월 지나 정상적인 수준으로 회복되지만, 일부에서는 1년 이상 지속되기도 하는 것으로 알려진다.

B. 모낭 상피의 정상화

피지 분비가 많아지면 피지의 지질 성분의 변화가 일어나 피지세포의 세포막을 구성하는 지질인 콜레스테롤과 리놀레산이 감소되어 각질형성세포 사이의 결합을 증진시켜 모낭 과다각화증을 초래하며, 증가된 피지가 모낭 내에서 산화되어 자유지방산으로 변화되고 자유지방산의 증가와 스쿠알렌은 모낭 상피를 자극하여 모낭 상피의 과다각화증을 유도한다. 이소트레티노인은 비타민 A 수용체와 결합하여 모낭 상피세포의 증식을 회복시켜 비정상적인 분화를 억제시킨다. 즉, 모낭 과다각화증과 폐쇄된 모공을 정상화시키며 모공 내 피지가 외부로 원활히 배출되게 함으로써 새로운 면포의 생성을 억제한다. 여드름 환자에서 넓어져 있는 기존의 얼굴 모공의 크기를 1/3~1/5로 감소시킨다.

C. 여드름세균의 감소

이소트레티노인은 항생제가 아니지만, 여드름균이 영양분으로 섭취하는 피지를 제거함으로써 균의 수를 감소시킨다. 이러한 여드름균의 감소는 여드름 병변의 호전과 관련이 있다.

D. 항염증 작용

이소트레티노인은 피지 분비를 감소시키고 피지가 원활히 배출되게 하며, 피지에 존재하는 여드름균을 감소시키고 호중구의 화학주성을 억제한다. 따라서 이소트레티노인의 항염작용은 염증성 병변의 빠른 호전을 가져온다.

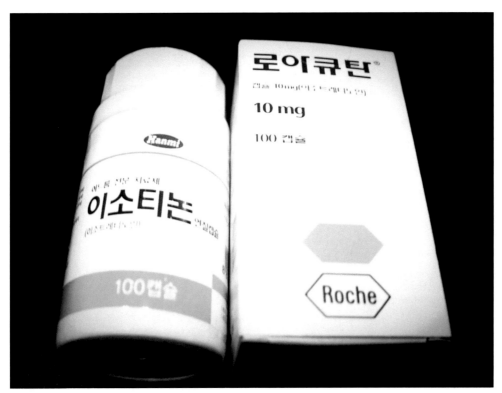

사진 8-2-2. 이소트레티노인 제제의 예

이소트레티노인의 독성은 비타민A과다증으로서 체중감소, 피로, 무력감, 나른함, 피부 건조, 탈모 및 두통이 발생할 수 있으나 중화제는 없다. 과용량 복용에 대한 여러 증례가 보고되고 있으나 낮은 독성을 보인다고 하였으며, 특히 900mg의 이소트레티노인을 한 번에 복용한 예에서 피부 건조와 구순염 등 통상의 이소트레티노인 부작용이 심한 정도에 그쳤다는 보고가 있다. 동물실험 결과에 의하면 돌연변이 효과는 없었으며, 사람에 대한 발암 가능성은 없는 것으로 알려진다. 임신 시 투여하면 투여 용량이나 기간에 상관없이 기형 유발성이 있으며, 남성 생식기에 대한 유해성은 없고, 사정 시 정자를 통해 여성에게 전달되지 않는다고 한다.

2) 적응증

이소트레티노인이 여드름 치료제로 처음 소개된 초창기에는 다른 치료법으로 잘 치료되지 않는 중증의 여드름(결절성, 낭포성, 응괴성), 특히 체간 병변과 관련된 낭포 및 응괴여드름에 국한하여 사용되었다. 한때는 중증의 여드름 치료에도 일차적으로 이소트레티노인을 사용하지 않고, 일단은 테트라사이클린이나 독시사이클린을 사용한 후 효과를 보지 못하면 미노사이클린을 사용하고, 반응 정도를 보아 이소트레티노인을 사용하는 경우가 많았다. 하지만 최근에는 과거에 중증의 여드름에만 선택적으로 사용하던 한계를 벗어나 중등도의 여드름 혹은 경증의 여드름이지만 정신적인 문제가 큰 경우 등에까지 확대하여, 거의 모든 여드름 환자에서 효과적으로 사용되고 있다.

경구 이소트레티노인의 적응증

1. 심한 여드름
2. 6개월 이상 기존의 치료 방법에 반응을 보이지 않는 경우
3. 기존의 치료로 재발한 여드름
4. 흉터가 많이 남는 여드름
5. 정신적인 문제가 동반된 여드름
6. 드물게 나타나는 변형된 여드름

경구 이소트레티노인을 중증이 아닌 중등도 또는 경한 여드름 환자에게까지도 사용해야 하는지에 대한 문제는 아직도 논란이 있지만 (1) 임상적 효과가 뛰어나고, (2) 항생제의 장기 투여나 남용으로 인한 내성균을 감소시킬 수 있으며, (3) 여드름으로 인한 흉터를 최소화할 수 있고, (4) 환자의 삶의 질을 빠르게 향상시키며, (5) 다른 약제와의 병용도 유용하게 실시할 수 있고, (6) 부작용의 예측이 가능하고 빠르게 대응할 수 있으며, (7) 다른 치료보다 사실상 비용효율적이라는 장점 때문에 최근에는 국내외적으로 많은 임상적 경험을 거쳐서 거의 모든 여드름 환자에서 효과적으로 사용되고 있다. 또한, 전격여드름이나 전격주사, 응괴여드름, 박리연조직염 등에도 매우 효과적이며, 그 임상적 활용이 전신농포건선, 환상육아종 등 여드름 이외에도 다양한

피부질환에까지 확대되고 있는 실정이다.

3) 용법

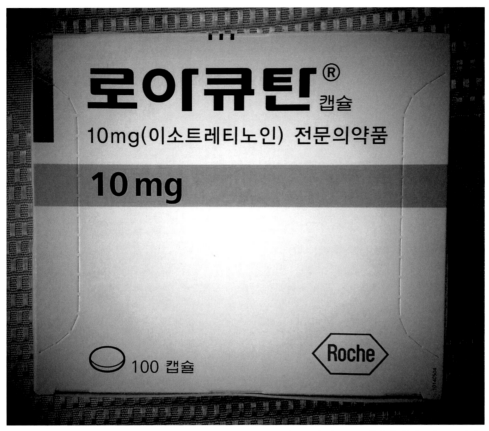

사진 8-2-3. 로아큐탄 캡슐™(isotretinoin 10mg) - 현재 유통/생산되지 않고 있음.

A. 치료 용량

이소트레티노인은 16~24주(평균 20주) 동안 매일 체중 kg 당 0.1~2.0mg을 복용하는데, 저용량의 경우 1일 1회, 고용량(40mg 이상)의 경우 1일 2회 식사와 함께 복용한다. 중증의 염증성 여드름은 0.5~1mg/kg에 반응을 보이지만, 대부분의 환자는 0.1mg/kg에도 효과적이다. 얼굴보다 반응이 적은 심한 체간 병변에는 1~2mg/kg의 고용량이 사용된다. 처음에는 0.1~0.5mg/kg 용량으로 반응을 관찰하면서 투약하고, 0.5~1.0mg/kg까지 증량하여 용량을 유지하며, 중증의 여드름 환자에게는 2.0mg/kg까지 증량할 수 있다. 고용량은 빠른 효과, 완전한 치료, 낮은 재발률을 보이지만 부작용 역시 사용량에 비례하므로 주의가 필요하다.

전통적으로 권장되는 이소트레티노인 용법은 0.5~1.0mg/kg/day 용량으로 16~32주간 투약하여 120mg/kg의 누적용량에 도달하는 것이다. 예컨대, 60kg 체중을 가진 환자의 경우 누적용량 7200mg(120mg/kg x 60kg)이 되도록, 하루 20mg 2회 (40mg)의 용량을 180일간 복용하는 방법이다. 하지만 이러한 용법은 좋은 결과를 가져오기는 하지만 용량의존적인 심각한 부작용을 야기하기도 한다.

그래서 최근에는 저용량(low dose) 이소트레티노인 용법이 여러 가지 면에서 유용한 치료 방법이라는 보고들이 많다. 저용량 치료법은 120mg/kg 미만의 누적용량으로 0.15~0.40mg/kg를 투여하는 용법이 제시되고 있으며, 이는 부작용의 빈도가 낮아지고 치료 비용이 감소한다는 장점이 있다. 또한 간헐적(intermittent) 용법으로 0.5~0.75mg/kg/day를 1달 중 1주일만 투여하는 방법으로 6개월간 간헐적으로 투여하는 방법 등이 소개되고 있다. 특히 성인까지 지속되는 여드름과 뒤늦게 성인에서 나타나는 성인여드름의 경우 저용량으로도 효과를 보이는데, 6개월간 4주마다 1주간 이소트레티노인 0.5mg/kg/day의 용량으로 좋은 효과를 보인다는 보고가 있으며, 또한 하루 10mg의 이소트레티노인을 매일 복용하다가 4~6주 사이에 여드름이 소실되면, 2일 간격으로 10mg씩 복용하면서 유지하는 방법이 좋은 효과를 보였다는 보고도 있다.

B. 투여 기간

대부분의 환자에게 4~8개월간의 투여가 필요한데, 최근 국내의 연구에 의하면 이소트레티노인 치료 4개월 기간 중 여드름의 호전은 치료 2개월째 가장 빠르게 일어났으며 전체적인 여드름 등급의 누적 평균감소율이 42.4%로 절반 가까운 호전을 보이므로, 임상에서 경구 이소트레티노인 치료 시 적어도 2개월 이상의 치료를 권해야 한다고 보고하고 있다.

C. 누적 용량

이소트레티노인 복용 중단 후 1~2개월 사이에도 계속 호전을 보이는 경우가 적지 않으므로 완전한 병변 소실이 치료 종료를 결정하는 엔드포인트는 아니다. 또한, 이소트레티노인의 최대 장점은 대부분의 경우 병변의 완전 소실을 유도하고 치료 종료 후 많은 경우에서 재발하지 않는다는 점인데, 이에는 약물의 누적 용량이 가장 중요한 변수이며 총 120~150mg/kg의 누적 용량이 가장 효과적이고 이보다 더 많은 용량이 투여된다고 해도 재발률이 비례하여 낮아지지는 않는다는 보고가 있다. 최소 누적 용량은 0.5~1.0mg/kg/day의 용법으로 4~8개월간 복용하여야 도달할 수 있는 양이다. 하지만 국내의 연구에 의하면 경증과 중등도 여드름 환자의 경우 치료 종료 1년 후 재발률을 기준으로 할 때 총 80mg/kg 이상의 누적 용량이면 충분하다고 보고되고 있다.

[전통적인 권장 이소트레티노인 용법]

a. 용량: 0.5~1.0mg/kg/day
b. 기간: 16~32주
c. 누적 용량: 120mg/kg

[여러 가지 저용량 이소트레티노인 용법]

Name of protocol	Authors	Number of patients	Treatment duration(weeks)	Degree of resolution(%)
Low dose (0.4mg/kg/day micronized form versus 1mg/kg/day)	Strauss et al. (2001)	300	20	90
Low dose (0.15~0.4mg/kg/day versus 0.5~1.0 mg/kg/day)	Mandekou-Lefaki et al. (2003)	32	24	69
Low dose (20mg/day)	Amichai et al (2006)	638	24	93.7
Intermittent (0.5mg~0.75mg/kg/day for 1 week/month)	Kayamak et al. (2007)	60	24	82.9
Intermittent (0.5mg/kg/day for first 10 days/month versus 0.5mg/kg/day, daily	Akman et al. (2007)	66	24	90
Low dose (20mg/alternative day) plus 1% clindamycin phosphate gel	Sardana et al. (2009)	305	24	87.64

표 8-2-4. 저용량 이소트레티노인 용법

D. 투약 연령

경구 이소트레티노인의 소아에 대한 국내 허가사항은 사춘기 이전의 여드름에 사용하지 않고, 12세 미만의 소아에게 권장되지 않으며, 12~17세의 연령(대사성 또는 구조적 골질환 병력 환자는 더욱 주의)에겐 신중히 투여하는 것을 전제로 한다. 하지만 Torrelo 등이 10개월 영아의 심한 난치성 영아여드름을 치료한 예를 비롯하여 외국에는 심한 영아여드름을 경구 이소트레티노인으로 치료한 증례 보고가 다수 있다. 고령자의 경우 성인과 특별히 다르지 않으나 약물유발성 관절통의 위험이 증가할 수 있으므로 주의하여야 한다. 하지만 Seukeran과 Cunliffe는 폐기종, 기관지염 그리고 퇴행성관절염과 중등도의 고혈압 등을 동반한 56세~75세(평균 62.5세)의 여드름 환자 9명에게 0.25mg/kg/day의 저용량으로 6개월 치료 후 대부분의 환자에서 여드름의 완전한 소실과 장기간의 완화를 보였다고 보고하였다.

4) 치료 효과

한국인의 경우 심한 여드름 외에 경증 및 중등도의 여드름에서도 경구 이소트레티노인은 만족할 만한 치료 효과를 보이는 것으로 보고되고 있다. 치료 효과는 (1) 약물의 용량이 증가할수록, (2) 치료 기간이 길어질수록, (3) 나이가 많을수록, (4) 여드름이 심할수록 더 효과적이었다.

국내 연구결과에 의하면 여드름의 임상 정도의 호전은 이소트레티노인 누적 용량이 많을수록 현저하게 관찰되었다. 또한, 성별이나 연령, 여드름의 중증도에 따라 다소 차이는 있으나 치료 기간이 길어질수록 여드름 등급과 만족도가 지속적으로 호전되는 것으로 보고되고 있다. 나이가 많을수록 좋은 효과를 보인 것은 18세 이하의 환자에서 재발률이 높다는 보고와도 연관성이 있으며, 나이가 들수록 여드름의 원인이 되는 피지 분비가 감소함으로써 경구 이소트레티노인의 주요 작용 부위 중의 하나인 피지샘이 쉽게 억제되기 때문인 것으로 생각되고 있다. 하지만 사춘기 여드름의 경우 성인 여드름보다 초기 치료 속도가 빠르게 나타나며 성인 여드름군에서 효과가 상대적으로 서서히 나타난다는 보고도 있다. 약물 투여 전 여드름이 심할수록 좋은 효과를 보인 것은 경할수록 약물의 효과가 떨어진다는 의미보다는 심할수록 약물 사용으로 여드름 등급의 하락이 뚜렷하기 때문일 것으로 판단되고 있다.

2000년 국내에서 총 230명의 경증 및 중등도 여드름 환자에게 투여량 평균 0.46mg/kg/day, 투여 기간 평균 149일, 누적 용량 67.62mg/kg의 경구 이소트레티노인을 투여한 연구조사에서 치료 종료 후 환자와 의사 모두에서 90%의 만족도를 보여 매우 우수하였다는 치료 효과를 보고하고 있다. 또한, 이소트레티노인 1일 투여 용량이 많을수록, 약물의 누적 용량이 많을수록 높은 치료 효과를 보이므로 치료 효과를 더욱 높이기 위해서는 1일 투여 용량을 늘리거나, 부작용이 심하다면 1일 용량을 줄이되 투여 기간을 늘려야 한다고 하였다.

또한, 2009년 한국형 여드름 중증도 시스템(KAGS)을 이용하여 경구 이소트레티노인의 여드름 치료 효과 및 환자 만족도를 알아보기 위해 0.2~1.0mg/kg 용량으로 3개월 이상 투여받은 435명의 여드름 환자에 대한 연구조사에서, 64명은 3개월까지의 치료에 만족하여 더 이상 치료받지 않았으며, 4개월까지 치료를 지속한 나머지 371명 모두에서 여드름의 등급이 호전되었고 환자 또한 치료 결과에 만족한 것으로 나타났다. 그리고 치료 기간이 길어질수록 환자의 여드름 등급과 만족도가 지속적으로 호전되는 것을 확인할 수 있었으며, 이는 성별 및 연령에 관계없이 모두 유사한 양상을 보였고, 처음 내원 시의 중증도에 상관없이 모든 등급에서 효과적이고 만족할만한 치료제임을 확인할 수 있었다고 보고되었다.

사진 8-2-5. 이소티논 연질캡슐™(isotretinoin 10mg)

5) 효과가 없는 경우

이소트레티노인 투약에도 효과가 나타나지 않을 때 첫째로 가장 중요한 이유는 역시 환자가 치료에 제대로 협조하지 않는 경우이다. 환자들은 피부병 치료제는 독하다는 고정관념을 가지고 있는 경우가 많으므로 약을 제대로 복용하고 있는지 확인해 보아야 한다. 둘째, 경구 이소트레티노인에 잘 반응하지 않는 경우는 최근 조사(대상자 1743명)에 의하면 이소트레티노인 투여 환자의 2.2% 정도로, 대부분 매우 큰 면포 (대면포 또는 서브마린면포)나 결절을 가지고 있는 경우인 것으로 알려진다. 따라서 약을 사용하면서 대면포가 없어지기만을 기다려서는 안 되며, 여러 가지 방법을 사용 하여 조기에 제거해 주어야 한다. 대면포뿐만이 아니라 다수의 폐쇄면포가 존재하는 경우에도 빨리 없애주는 것이 도움이 된다. 경우에 따라 트리메토프림-설파메톡사졸 을 투여하기도 한다. 셋째는 결절의 존재인데 결절의 모양이 길쭉한 경우에는 굴길의 존재를 염두에 두어야 한다. 넷째로 여성의 경우에는 드물지만 다낭난소증후군 등의 질환을 의심해 보아야 한다. 그 외에는 대부분 투여 용량과 기간이 충분하지 못한 경 우이므로, 여드름 병변이 적어도 90% 이상 소실될 때까지 충분하게 투여하는 것이 좋다.

6) 재발 문제

이소트레티노인이 시판되고 4년 후인 1986년 Harms 등은 89명의 중증 여드름 환 자(남성 66, 여성 23)를 0.5~1.0mg/kg 용량으로 60~330일(평균 160일) 치료하고 3.5~47개월(평균 14.1개월)간 추적 관찰한 결과 14.6%에서 재발하였다고 보고하였 다. 총투여량이나 투여 기간은 연관성이 없었고, 나이 어린 사람에게서 재발이 더 잘 된다고 하였다.

하지만 이소트레티노인 발매 약 10년 후인 1993년 Layton 등은 오랜 기간 여드름 을 앓고 있던 88명의 환자들에게 0.5 또는 1.0mg/kg을 초기 용량으로 반응과 부작 용 여부에 따라 용량을 조절하고 16주 또는 적어도 85%의 임상적 호전을 가져오는 기간 동안 치료한 후 10년간 관찰한 바, 전체의 39%에서 재발하였으며 재발하는 경 우는 대부분 첫 3년 이내에 재발이 되었고(18개월까지 78%, 18~36개월 18%, 3년 이후 4%) 성별과 연령은 관련이 없으며 체간 위주의 여드름에서 재발이 흔하고 특히 0.5mg/kg/day 복용, 120mg/kg 이하의 누적 용량인 경우에 재발률이 높았다고 보 고하면서 장기간의 재발을 막기 위해서는 1mg/kg/day의 용법으로, 누적 용량 120mg/kg로 이소트레티노인을 처방하는 것이 권장된다고 하였다.

이처럼 치료 과정마다 120mg/kg의 누적 용량은 증상의 호전율을 높이고, 재발률을 낮춘다. 하지만 120mg/kg보다 더 많은 용량을 투여하여도 재발률은 비례하여 감소 하지는 않는 것으로 알려진다. 한편 국내에서 이소트레티노인 치료 종료 1년 후 재발 여부를 조사한 결과에 의하면 재발률에는 남녀 간에 차이가 없으며 18세 이하보다는 19세 이상에서 재발률이 감소하는 경향을 보였고, 한국인에서 중증이 아닌 경증 및 중등도의 여드름 치료 시 재발률을 낮추기 위해서 누적 용량 80mg/kg 이상이 되도록 이소트레티노인을 투여하는 것이 좋을 것으로 보고되기도 하였다.

7) 재치료

증상이 재발될 경우 상기 치료 과정을 반복하여야 하지만, 치료 중단 후에도 1~2개월간 증상 호전이 있을 수 있으므로 최소한 8주간의 휴약 기간이 경과된 후 치료를 재개해야 한다. 즉, 재투여가 필요하면 재치료 전 시간을 가지고 수개월간 관찰하고 심하게 재발하는 경우에는 고용량을 사용하는 것이 권장된다.

8) 병합 요법

약물 병합 요법의 목표는 효과의 극대화, 부작용의 최소화이다. 그러므로 이소트레티노인 경구 치료 시에도 국소 치료제를 병용할 수 있다. 국소 레티노이드와의 병용은 국소 자극이 증가될 수 있으므로 피하는 것이 좋지만 과산화벤조일, 아젤라산 및 국소 항생제의 사용은 가능하다. 응괴여드름이나 전격여드름의 경우 이소트레티노인의 복용과 함께 강력한 국소 스테로이드제를 7~10일간 매일 2회 도포하면 항염증 효과로 부종, 출혈, 육아조직이 빨리 소실되는 것으로 알려진다.

이소트레티노인과 테트라사이클린의 병용은 뇌압상승과 위장장애의 위험을 가져올 수 있다. 다른 경구 항생제와의 병용이 필요한 경우는 테트라사이클린 대신 마크롤라이드계 항생제를 사용한다. 응괴여드름 및 전격여드름 치료에서는 프레드니솔론을 매일 체중 kg 당 0.5~1.0mg 7일 투여하고, 이소트레티노인과 병용하면서 10~14일 동안에 걸쳐 서서히 감량한다. 항안드로겐제와 경구피임약은 가임기 여성의 임신 예방과 여드름 치료 목적으로 함께 사용될 수 있다.

9) 약물상호작용

테트라사이클린계 항생제와 병용 시 가성뇌종양이 보고되어 있으므로, 이소트레티노인과 테트라사이클린계 항생제는 병용 금기이다. 비타민A와의 병용은 비타민A과다증을 유발할 수 있으므로 피해야 한다. 에스트로겐을 함유하지 않은 단일 경구용 피임제, 즉 소량의 프로게스테론제제는 이소트레티노인과의 상호작용으로 효과가 감소될 수 있으므로 병용하지 않아야 한다. 카바마제핀은 이소트레티노인과 병용 시 효과가 증강될 수 있으므로 주의한다. 페니토인, 코르티코스테로이드와 이 약의 골 손실에 대한 상호작용은 알려져 있지 않으나 페니토인은 골연화증을, 전신용 코르티코스테로이드는 골다공증을 일으키는 것으로 알려져 있으므로 주의한다.

10) 금기

1) 임부·수유부 및 임신 가능성이 있는 여성 환자
2) 신장 및 간 장애 환자
3) 비타민 A 과다증 환자
4) 혈중 지질 농도가 과도하게 높은 환자
5) 이 약 및 이 약에 포함된 성분에의 과민반응 환자

사진 8-2-6. 이소트레티노인제제의 예

11) 부작용

(1) 최기형성

이소트레티노인의 가장 치명적인 약점은 기형아 유발성(최기형성, 催畸形性)이 매우 높다는 것으로 FDA의 성분별 임산부 투여 안전성 분류상 X등급으로 분류되는 약제이므로 임부 또는 임신 가능성이 있는 여성에게는 절대로 투여해서는 안 된다. 또한, 이소트레티노인을 복용 중이거나 복용 후 1개월이 지나지 않은 사람의 헌혈도 엄격히 금지되어야 한다. 이소트레티노인을 복용한 여성의 일부에서 월경불순이 올 수는 있지만, 이소트레티노인을 복용하는 여성이 임신이 잘 안 된다는 보고는 없다.

이소트레티노인 치료 도중 임신할 경우에는 투여 용량이나 투여 기간에 상관없이 기형아 유발 가능성이 매우 높으며, 이 약물에 노출된 모든 태아는 잠재적으로 영향을 받을 수 있다. 이소트레티노인 치료 도중 또는 치료 종료 후 1개월 이내에 임신하는 경우 태아의 중증 기형, 특히 중추신경계와 심장 및 대혈관계 기형이 나타날 위험성이 높다(30%). 또한, 자연유산의 위험성이 증가하며(40%) 조산이 되기도 한다. 보고되어 있는 이소트레티노인 태아 기형은 두개골 이상, 뇌기형, 소뇌기형, 수두증, 무뇌수두증, 소두증, 뇌신경이상, 외이기형, 소안구증, 심혈관계이상, 안면기형, 구개열, 흉선 및 부갑상선기형 등이다. 또한, 외형적인 기형이 발생하지 않은 신생아의 30%에서 정신지체를 보이며, 60%에서 신경정신학적 발달이 지연되는 것으로 알려진다.

그러므로 임신 가능성이 있는 연령대의 모든 여성에서 이 약물의 문제점을 충분히 납득시키고, 그러한 사실을 이해하고 동의하는 경우에만 투여가 이루어져야 한다. 이소트레티노인 투여에 의한 임신 및 태아의 위험성에 대해 충분히 이해했는지 확인이 되고, 치료 개시 1개월 전부터 치료 도중 및 치료 종료 1개월 후(약물중단 후 2주까지 혈중에 대사물이 존재하므로)까지 신뢰할 수 있는 완벽한 피임 대책을 실시할 의지가 있어야 하며, 매번 이소트레티노인을 처방받기 전 임신반응검사가 선행될 수 있어야 한다. 하지만 현실적으로 중, 고등학생을 포함한 미혼여성에게 무조건 임신반응검사를 시행하는 것이 우리나라의 현실로는 어려운 점이 많으므로 환자와 보호자에게 이소트레티노인의 기형 유발성에 대해 충분하고 심각하게 설명하고 수시로 주의를 환기시켜야 한다. 기혼여성의 경우에는 피임약제 및 기구의 사용을 필수사항으로 설명하고, 피임법으로 배란주기법을 사용한다고 말하는 여성의 경우에는 다른 확실한 피임 대책을 세운 후 처방할 것이 권장된다.

식품의약품안전처는 2018년 7월 레티노이드계열 의약품을 '위해성 관리계획 대상'으로 지정하고 위해성 관리 조치의 일환으로 2019년 6월 13일부터 레티노이드계열 의약품 임신 예방 프로그램을 실시하고 있으며, 안내 자료는 레티노이드계열 약물 임신예방 프로그램 홈페이지(www.reticheck.com)를 통해 확인할 수 있다.

레티노이드 계열 약물 치료를 위한

환자용 안내서

본 안내서는 레티노이드류의 임신예방프로그램의 일환으로 배포되었습니다.
이 약을 복용하는 환자는 본 안내서에 포함되어 있는 레티노이드류의 복용 전 주의사항에 대해
숙지하고 이 약과 관련한 중요 사항들은 환자 스스로 충분히 이해해야 합니다.

○ 레티노이드 계열 약물은 어떤 약인가요?

기형아 유발의 위험이 있으므로 임신 중이거나 임신 가능성이 있는 여성은 복용하면 안됩니다.

이소트레티노인
피지 분비를 억제하여
여드름을 치료하는 약물입니다.

알리트레티노인
강력한 국소 스테로이드 치료에도 반응하지 않는
성인의 재발성 만성 중증 손습진 치료제입니다.

아시트레틴
국소 또는 전신화된 여러 형태의 건선과
같은 중증의 각화질환 치료제입니다.

○ 레티노이드 계열 약물을 복용하면 안되는 사람은 누구일까요?

이소트레티노인 & 알리트레티노인	아시트레틴
• 임부, 수유부 및 임신가능성이 있는 여성 환자 • 신장 및 간 장애 환자 • 비타민 A 과다증 환자 • 혈중 지질농도가 과도하게 높은 환자 • 이 약 및 이 약에 포함된 성분에 과민한 환자 • 대두유에 과민하거나 알레르기 병력이 있는 환자 • 콩 또는 땅콩에 과민증이 있는 환자 • 갑상선기능 저하증 환자(알리트레티노인 제제에 한함) • 테트라사이클린을 복용하는 환자	• 임부, 임신하고 있을 가능성이 있는 여성, 임신을 계획하는 여성 및 수유부 • 신장애 및 간장애 환자 • 비타민 A 과다증 환자, 비타민A 또는 다른 레티노이드를 복용 중인 환자 • 혈중 지질치가 과도하게 높은 환자 • 이 약 또는 이 약의 구성성분, 다른 레티노이드에 과민반응 환자

○ 레티노이드 계열 약물은 태아에게 어떤 영향을 미칠까요?

[이소트레티노인&알리트레티노인]
이 약 치료 도중 또는 치료 종료 후 1개월 이내에 임신할 경우 태아에 미치는 위험성은 다음과 같습니다.
• 자연유산 및 조산   • 중추 신경계, 심장 및 대혈관계 기형
• 뇌기형, 수두증, 두개골 이상, 얼굴, 눈, 귀 기형 등

[아시트레틴]
이 약 치료 도중 또는 치료 종료 후 3년 이내에 임신될 경우 태아에 심한 기형이 나타날 위험성이 있습니다.
아시트레틴 및/또는 에트레티네이트(아시트레틴 전구체) 투여와 관련된 주요 태아 기형은 다음과 같습니다.
• 얼굴, 눈, 귀 기형; 엉덩이, 발목, 팔뚝 기형; 손가락 기형;
• 두개 용적 감소; 두개골과 경추 변형; 뇌기형; 심혈관 기형 등

사진 8-2-7. 레티노이드계열 의약품 임신 예방 프로그램 안내서

○ 레티노이드 계열 약물을 복용하는 동안 무엇을 주의해야 할까요?

◆ 이 약은 의사의 처방에 의해서만 복용하십시오.
◆ 이 약을 다른 사람에게 양도하지 마시고, 치료종료 후 남은 약은 폐기할 수 있도록 약국에 반납해야 합니다.
◆ 비타민 A가 포함된 의약품 및 건강기능식품을 이 약과 함께 복용하지 마십시오.

[이소트레티노인&알리트레티노인]
• 이 약 복용 중 및 복용 종료 1개월 후까지 헌혈하지 마십시오.

[아시트레틴]
• 임신가능성이 있는 여성에게 이 약의 치료를 받는 환자의 혈액이 수혈되지 않도록, 이 약을 복용하는 모든 환자는 이 약 복용 중 및 복용 종료 3년 후까지 헌혈해서는 안 됩니다.

• 아시트레틴과 에탄올을 동시에 섭취할 경우 이 약보다 현저하게 긴 반감기를 갖는 에트레티네이트 형성과 연관되어 있어 여성 환자에서 기형의 잠재적 기간을 증가시킬 수 있으므로, 이 약 치료 동안 및 치료 종료 후 2개월 동안 에탄올 섭취를 하지 마십시오.

○ 환자별 확인사항

(1) 가임 여성

• 임신 중이거나 임신 할 수 있는 경우 이 약을 복용해서는 안 되며 복용 전, 복용 중 및 복용 종료 1개월 후까지 (아시트레틴 제제의 경우 복용 종료 3년 후까지) 임신 유무를 확인하여야 합니다.
• 이 약 복용 1개월 전 복용 중 및 복용 종료 1개월 후까지 (아시트레틴 제제의 경우 복용 종료 3년 후까지) 반드시 두 가지 이상의 다른 종류의 피임법을 사용하여 임신을 피해야 합니다.
• 임신의 위험이 있을 경우 처방 의사에게 상담 받아야 합니다.
• 호르몬 피임제와 상호작용의 가능성이 있으므로 St. John's wort(세인트존스워트)로 자가 치료하지 않도록 합니다. 호르몬 피임제와 St. John's wort(세인트존스워트) 병용시 임신이 보고된 바 있습니다.(이소트레티노인, 알리트레티노인에 한함)

(2) 비가임 여성 및 남성

• 불임증 병력(자궁적출의 경우는 제외) 때문에 평상시 피임법을 사용하지 않거나 성관계를 갖지 않는 여성 및 무월경인 환자의 경우에도, 이 약으로 치료를 받고 있는 동안에는 효과적인 피임 대책을 실시하도록 권장됩니다.
• 이소트레티노인 및 알리트레티노인을 복용하는 남성환자의 경우 과량투여시에는 정액에서의 약물농도가 정상치보다 높을 것으로 예상되므로 남성환자는 과량투여 후 30일간 콘돔을 사용하거나, 임신 중 또는 임신 가능성이 있는 여성과의 성생활을 피해야 합니다.

(3) 효과적인 피임법

효과적인 피임방법 (1,2차 동시사용)	1차 피임	난관 결찰술, 배우자의 정관절제술, 루프(IUD), 피임약복합파임약, 피부 하 패치, 주사제, 질 내 링)
	2차 피임	콘돔, 질 내 스폰지, 자궁경부 캡

보고 요건

귀하가 레티노이드 계열 약물로 치료하는 중 임신 또는 이상사례를 알게 된 경우에는 즉시 담당의사 또는 품목허가권자 또는 보건당국 한국의약품안전관리원 (1644-6223)에 보고하십시오. 또한 임신 결과에 대한 추적보고(기형 포함)을 위해 추가정보를 요청 드릴 수 있습니다.

※ 본 안내자료는 임신예방프로그램 안내 홈페이지(www.reticheck.com)에 게시되어 있으며, 다운로드 받으실 수 있습니다.

**본 환자용 안내서는
식품의약품안전처의 검토를 받았습니다.**

사진 8-2-8. 임신 예방 프로그램 안내서(www.reticheck.com)

이소트레티노인 **환자 동의서**

의사가 환자에게 임신관련 위험성을 고지하고 이에 대한 인지 여부를
동의 받는 방식과 절차는 자율적으로 진행할 수 있습니다.
환자에게 고지되어야 할 주요 내용의 예시는 다음과 같습니다.

- 다 음 -

1. 이소트레티노인은 비타민 A의 대사체로 피지 분비를 감소시켜 여드름치료제 사용됩니다.

2. 약 복용 중 임신을 할 경우에는 태아 기형이 유발될 수 있으므로 임신 중이거나 임신할 가능성이
   있는 경우 이 약을 복용해서는 안됩니다.

3. 임신 가능성이 있을 경우, 임신 유무를 확인하고 1달 후 재확인하여 임신이 아니면 약을 복용합니다.

4. 약 복용 1개월 전, 복용 중 및 중단 1달까지 효과적인 두가지 피임을 합니다.(콘돔, 피임약 복용 등)

5. 약 복용 중 및 중단 1달 이내 임신을 하거나 임신이 의심되는 경우 처방의사와 상담을 받아야 합니다.

6. 다른 질환이 있거나, 복용약이 있는 경우 진료 시 담당의사에게 반드시 고지해야 합니다.

7. 약 복용 중, 혹은 중단 1달까지 헌혈을 금합니다.

8. 약은 타인에게 양도해서는 안됩니다. 치료종료 후 남은 약은 폐기될 수 있도록 약국에 반납해야 합니다.

본인은 담당의사(처방한 의사 본인이 기재)**로부터**
본 의약품의 사용 전 위 사항에 대한 충분한 설명을 듣고 이해**하였습니다.**

날짜: 년 월 일
이름: (서명)

※ 본 안내자료는 임신예방 프로그램 안내 홈페이지(www.reticheck.com)에 게시되어 있으며, 다운로드 받으실 수 있습니다.

사진 8-2-9. 이소트레티노인 환자 동의서(www.reticheck.com)

(2) 급성췌장염

혈청 중성지방 수치가 800mg/dL를 초과하면 치명적인 급성 췌장염을 유발할 수 있으므로, 임상적으로 유의한 혈청 중성지방 수치 상승은 조절하도록 권장된다. 500mg/dL 이상으로 상승하는 경우 주의를 기울여야 한다. 경미한 수치의 상승을 보이더라도 급성 복통을 호소하는 경우에는 췌장염을 진단하기 위한 혈청 아밀라아제 및 리파아제 검사가 기본적으로 시행되어야 한다. 또한, 고중성지방혈증이 조절되지 않거나 췌장염 증상이 나타나는 경우에는 이소트레티노인의 투여를 중단해야 한다.

(3) 중증 피부질환

이소트레티노인과 관련하여 다형홍반, 스티븐스존슨증후군, 독성표피괴사용해증과 같은 중증 피부질환이 시판 후에 보고되었다. 2010년 MHRA(Medicines and healthcare products Regulating Agency)에 의하면 전 세계적으로 보고된 이소트레티노인과 연관된 중증 피부질환은 66예(스티븐스-존슨증후군 15예, 다형홍반 44예, 독성표피괴사용해증 5예)로, 이 증례들의 대부분에서 다른 가능성에 대한 설명이 있었으나, 이소트레티노인과 이 중증 피부질환의 원인적 연관성이 배제될 수는 없었다는 것이다. 그러므로 처음 이소트레티노인을 복용하기 전 환자에게 이러한 중증 피부질환의 증상과 징후에 대한 설명과 동의가 필요하며, 의심되는 증상이 있는 경우 즉시 이소트레티노인 복용을 중단하고 적절한 조치를 취해야 한다고 경고했다.

(4) 이상 반응

이소트레티노인 투여로 나타나는 대부분의 이상 반응은 투여량과 관련되어 용량의존적으로 나타나므로 적정량을 투여할 경우 내약성은 대체로 양호하다. 발생된 이상 반응은 용량 감소 또는 투약 중단으로 대개 신속히 소실되지만, 일부는 치료 종료 후에도 지속될 수 있다. 이소트레티노인에 의한 이러한 이상 반응은 충분히 예상이 가능하고 용량을 줄이거나 대증적인 방법으로 예방이 가능하다.

a. 초기 발적 반응

이소트레티노인 투여 후 나타나는 부작용 중 가장 당황스러운 것은 투여 초기(1주)에 나타나는 갑작스러운 여드름의 발적 반응이다. 대부분 한 달 이내에 적응이 되지만, 심한 경우에는 염증 양상이 극대화되어 육아조직이나 화농육아종과 비슷한 병변이 발생하고 발열, 근육통과 같은 전신적인 증상이 동반될 수 있다. 이러한 이상 반응은 매우 큰 면포와 다수 존재하거나 출혈성 가피를 동반한 결절성 낭종형 여드름을 가진 환자에게 잘 생기므로, 이런 환자의 경우에는 초기에 낮은 용량으로 투여를 시작하고 수 주일에 걸쳐 서서히 증량하는 것이 좋다. 경우에 따라 경구 프레드니솔론 10mg을 1~2주간 함께 투여하면서 이소트레티노인을 첫 주에 10mg, 둘째 주에 10mg을 증량하고 관찰하면서 최종적으로 0.5mg/kg를 유지하는 방법이 보고되기도 한다. 하지만 여드름이 심각하게 악화되는 경우라면 프레드니솔론을 매일 0.5~1.0mg/kg로 2~3주간 투여하고 서서히 6주간에 걸쳐 감량하고, 경구 이소트레티노인을 중단하거나 0.25mg/kg/day로 감량하여야 한다.

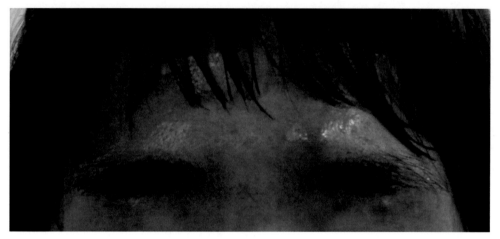

사진 8-2-10. 이소트레티노인 투여 후 나타나는 초기 발적 반응

b. 구순염

이소트레티노인의 부작용으로 가장 흔한 것은 피부점막 부작용으로 구순염(입술염), 피부 건조와 당김, 코나 눈 점막의 건조 등이다. 피부점막의 건조는 이소트레티노인의 강력한 피지 억제 효과와 표피세포 전환의 가속화로 인해 각질층이 얇아지는 현상, 그리고 피부장벽기능의 변화 등에 의한 것으로 알려진다. 그간의 여러 조사결과와 마찬가지로 최근 1,743명의 이소트레티노인 복용 환자에 대한 연구에서 구순염의 발생은 다양한 용량과 용법을 사용한 경우를 평균하여 78.4%로, 가장 흔히 나타나는 부작용으로 보고된 바 있다. 특히 0.76~1.0mg/kg/day의 고용량군에서는 96.4%에서 발생하였다. 이처럼 구순염을 포함한 입술의 건조 증상은 이소트레티노인을 복용하는 환자 거의 모두가 경험하는 부작용으로, 입술의 특이한 구조적, 기능적 특성에서 기인하며 입술의 건조, 표피탈락 현상과 균열이 발생한다. 이러한 구순염은 여드름 치

료 실패의 가장 흔한 이유 중의 하나가 되는 것으로 알려진다.

사진 8-2-11. 이소트레티노인 복용에 의한 구순염

입술은 구조적으로 주변 피부와 달리 얇은 비각질상피를 가지며 모발이나 땀샘이 없고 피지샘은 약 반수에서 관찰된다. 기능적으로는 피부장벽기능과 피부 수분함량이 주변 피부에 비해 현저하게 감소되어 있는데, 이것은 입술이 각질층이 없는 착각화성 점막상피로 형성되어 있기 때문이다.

국내연구에 의하면 이소트레티노인을 복용하는 환자에서 뺨은 경피수분손실의 큰 변화를 보이지 않지만, 입술의 경피수분손실은 증가하는 양상을 보이는데, 이는 용량과 상관관계를 보이며 입술이 피부에 비해 구조적으로 더 취약하기 때문이라고 보고하고 있다. 따라서 이소트레티노인 복용 시 입술에 보습제를 지속적으로 도포해 주면 입술의 취약한 피부장벽기능을 보완하여 입술염의 발생이 예방되고 여드름 치료의 성공률을 높일 수 있을 것이라고 하였다. 아주 심한 구순염에는 국소 스테로이드를 처방한다.

c. 피부 건조와 습진

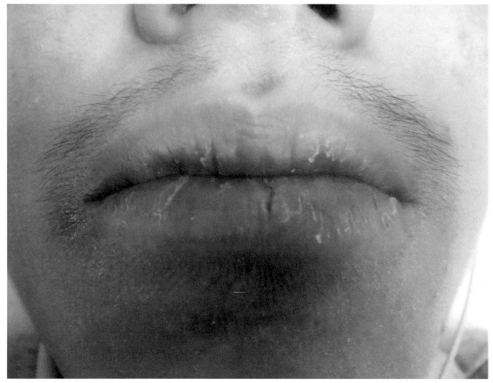

사진 8-2-12. 이소트레티노인 복용 중인 여드름 학생의 건조한 피부와 입술

이소트레티노인 복용 시 나타나는 피부 건조, 홍반과 자극감은 약 반수의 환자에서 경험하는 것으로, 이러한 증상은 이소트레티노인이 속하는 레티노이드계 약물이 피지 샘에 작용하여 피지의 생산을 감소시키고 각질형성세포에 작용하여 전환을 가속화함으로써 각질층의 두께가 감소되며, 피부장벽기능의 변화를 유도하는 것과 관련이 있는 것으로 생각되고 있다. 주로 얼굴, 상하지의 외측, 손목, 옆구리 등에 흔히 발생되며, 습도가 낮은 추운 계절에 잘 나타난다. 피부건조증은 소양증을 유발하며, 진행되면 각질이 있는 건성습진 또는 화폐상 피부염으로 발전할 수 있다.

최근 1743명의 이소트레티노인 복용 환자에 대한 조사에서 습진은 12.1%의 빈도로 나타나는, 구순염을 제외하면 두 번째로 흔한 이소트레티노인에 의한 이상 반응인 것으로 보고되고 있다. 하지만 0.25mg/kg로의 저용량 투여군에서는 7%로 그 빈도가 낮았다. 또한, 피부가 얇아지므로 자극에 의해 쉽게 손상이 유발되며, 장기간 이소트레티노인 복용 후 박피나 레이저 등의 피부 시술을 시행하는 경우 문제가 발생할 수 있다.

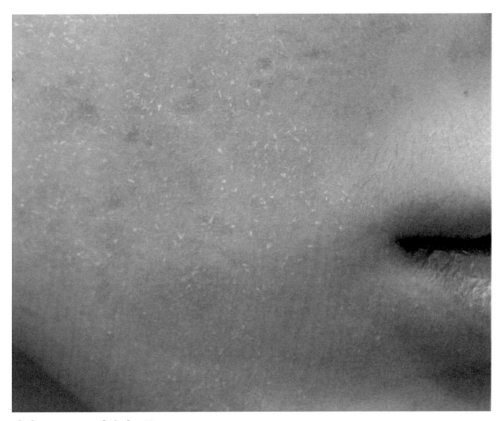

사진 8-2-13. 피부건조증

Laquieze 등은 경구 이소트레티노인 투여 중인 여드름 환자의 뺨에서 홍반, 건조, 거침, 표피탈락 현상이 임상적으로 관찰되었으며, 객관적 평가에서 피부 수분측정기로 측정한 피부 수분함량은 감소하고 D-Squame™ test로 측정한 표피탈락 현상은 증가하였으나 경피수분손실은 유의한 변화를 보이지 않았다고 보고했다. 하지만 보습제를 도포한 반대쪽 뺨에서는 임상적으로 피부 자극증상이 감소하였으며, 객관적으로도 피부 수분함량은 오히려 증가되고 표피탈락 현상은 증가 없이 유지되었으며 경피수분손실은 역시 유의한 변화를 보이지 않았으므로 이소트레티노인을 복용 중인 환자에서 보습제 사용을 병용해야 한다고 하였다.

d. 눈의 부작용

이소트레티노인 복용 시 안구건조증을 비롯한 눈의 이상 증상이 나타날 수 있다. 가장 흔히 나타나는 눈의 이상 증상은 흐려보임(blurred vision), 일과성 근시와 같은 굴절이상, 콘택트렌즈 착용 곤란, 순응장애 등이다. 다음으로는 각막염, 각막혼탁, 각막궤양, 단순포진바이러스 활성화, 염증 및 혈관신생과 같은 각막의 이상이 나타날 수 있다. 그 외 흔히 나타나는 눈의 이상 증상은 안검결막염으로 Gold 등은 이소트레티노인 투여 3~5주 후 20~50%의 높은 비율로 안검결막염이 발생한다고 하였으며 이는 황색포도알균에 의한 것이라고 하였다. 이소트레티노인은 피지샘의 하나인 마이봄샘 분비를 저하시키는 등 기능장애를 가져와 눈물의 성분에 변화를 유발하고 이는 안검결막염의 발생을 증가시키며, 또한 안구건조증을 유발하는 병태생리로 인식되고 있다. 이소트레티노인 투여 후 안구건조증의 발생은 30% 이상으로 알려지며, 적어도 이소트레티노인 투여 중에는 사용된 용량과 관련이 있다. 그리고 눈부심, 따가움, 가려움, 이물감 및 건조감과 같은 자각증상 역시 고용량 투여에 의해 더 높은 빈도로 나타나므로, 눈의 부작용을 줄이기 위해서는 고용량 치료보다는 저용량 이소트레티노인 치료가 더 유리하다. 안구건조증과 관련이 있을 수 있는 각막염의 발현 여부를 주기적으로 관찰하여야 하며, 안구 건조 증상은 인공누액을 사용하여 증상의 개선을 가져올 수 있다. 하지만 이소트레티노인 투여에 의한 암적응장애, 망막이상, 백내장, 복시, 홍채염, 녹내장 등은 문헌에 흔히 인용되는 것과는 달리 실제로는 드문 것으로 보고되고 있다.

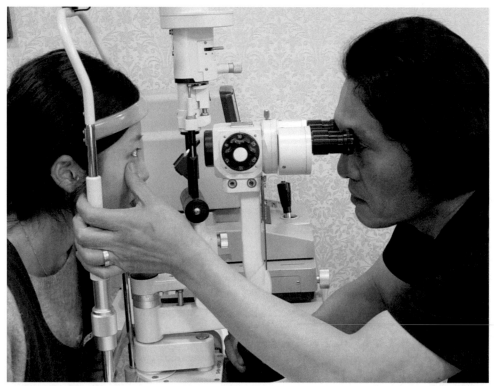

사진 8-2-14. 눈의 부작용에 대한 세극등 검사

e. 우울증과 자살 충동

중증의 여드름은 그 자체만으로도 심각한 정신적인 문제가 야기된다는 사실을 부정할 수는 없다. 이소트레티노인의 복용이 이러한 본질적인 문제 외에도 실제 우울증과 자살 충동을 야기할 수 있는 것일까? 이소트레티노인에 의한 우울증과 자살위험을 평가하기 위해서는 혼란을 막기 위해 두 가지 변수가 고려되어야 한다. 즉, 여드름 치료와 별개인 우울증과 자살에 대한 백그라운드리스크와 이소트레티노인 복용 후 자살 충동에 영향을 준 약물 이외의 다른 요인에 대한 문제이다.

우울증과 자살위험에 대한 이소트레티노인의 원인적인 역할에 대한 연구결과는 일치되는 결과를 보이지 않고 있어서 많은 논란이 있다. 일부 연구는 이소트레티노인 복용군에서 우울증과 자살시도에 대한 매우 작은 위험이 있고, 이 환자들에서 약물 투여를 중단하면 매우 빠르게 우울증이 호전되며, 이소트레티노인을 복용하는 사람들 중 매우 소수에서 기존의 약한 우울증 증상의 악화가 나타나므로 우울증 소인을 가진 환자에서는 소통을 최대화할 필요가 있으며, 만약 약물복용 후 우울증이 심화된다면 즉시 이소트레티노인 치료를 중단해야 한다고 경고하고 있다. 하지만, 더 많은 연구 결과는 다양한 신경정신과적 검사에 의하면 오히려 이소트레티노인 복용 환자에서 불안과 우울증 점수의 분명한 호전이 나타난다고 보고하고 있다.

f. 염증성 장질환(Inflammatory bowel disease, IBD)

이소트레티노인이 처음 시판되고 나서 1985년 이소트레티노인 복용과 관련된 염증성 장질환이 처음으로 보고된 이후, 최근까지도 이소트레티노인과 염증성 장질환의 관련성은 논란과 소송에 휩싸여 있는 것으로 알려진다. 2010년 Crockett 등이 시행한 8,189명의 환자(3,664 크론병, 4,428 궤양성대장염, 97 비특이성 IBD)와 21,832명의 대조군으로 구성된 환자대조군 연구에서 이소트레티노인에 폭로되었던 사람은 60명(24 환자, 36 대조군)이었고, 이소트레티노인 복용의 기왕력은 궤양성대장염과 강력하게 연관되어 있으며, 이소트레티노인의 용량이 높아지면 궤양성대장염의 위험도 많아지고, 이소트레티노인 비사용자와 비교했을 때 2개월 이상의 이소트레티노인 폭로군에서 궤양성대장염의 위험이 가장 높았다고 보고했다. 하지만 이소트레티노인과 크론병은 명확한 관련이 없다고 하였다. 아직은 이소트레티노인에 의한 여러 가지 염증성 장질환의 위험이 명확히 규명된 더 많은 연구 보고가 있어야 하지만 처방하는 의사와 환자 모두 가능성은 적지만 그 연관성을 인식하고 있어야 할 것이며, 환자나 가족력을 가진 경우 이소트레티노인의 사용에 신중하여야 하고 복통, 직장출혈 또는 중증의 (출혈성)설사를 경험한 환자는 즉시 투여가 중단되어야 한다.

g. 가성뇌종양

가성뇌종양은 특발성 또는 속발성으로 나타나는 두개강 내 고혈압 증후군으로, 두통과 시야장애를 특징으로 한다. 전형적인 특징은 유두부종이며, 경우에 따라 심각하고 영구적인 시력상실이 나타날 수도 있다. 여러 가지 약물들이 어느 연령대에서나 가성뇌종양을 일으킬 수 있는데, 그중 여드름 치료제로 사용되는 테트라사이클린을 포함한 독시사이클린, 미노사이클린이 연관되어 있다. 또한 비타민A(레티놀)와 이소트레티노인과 같은 레티노이드도 같은 증상을 야기할 수 있다. 코르티코스테로이드는 급성기에 뇌내압을 낮추기 위해 사용되지만, 장기 투여 후 중단 시에는 뇌내압을 상승시킨다.

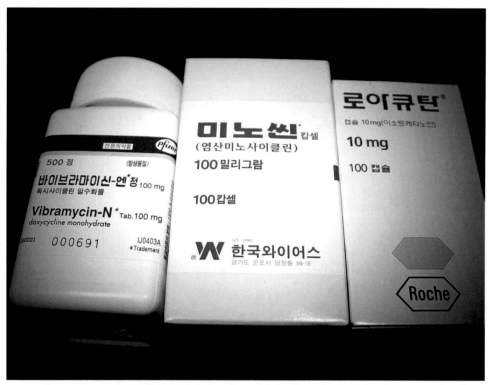

사진 8-2-15. 이소트레티노인과 2세대 테트라사이클린계 항생제

가성뇌종양은 가임기의 비만 여성과 사춘기 전 아이들에게 잘 나타나는 것으로 알려져 있으나 레티노이드, 테트라사이클린계 항생제, 코르티코스테로이드에 의해 유발되기도 한다. 그러므로 여드름약 사용 중 뇌내압 상승의 증상이 보이는 경우 심각한 시력상실이 야기되지 않도록 아이건 어른이건, 남성이건 비만하지 않은 여성이건 관계

없이 빠른 진단이 이루어져야 하고 즉시 약물복용을 중지하여야 한다. 90%에서 두통이 발생되는데, 이는 평상시의 두통과 다르거나 새롭게 나타나는 두통이다. 주로 앞머리가 아프지만, 박동성 그리고 광과민성, 오심과 구토 등의 편두통과 같은 양상을 보이기도 한다. 시각장애의 증상은 다양하지만 가장 특징적인 것은 일과성 시야 암흑화(Transient obscurations of vision, TOV))로 이는 유두부종의 지표가 되지만, 시신경부종의 증증도나 시력 소실의 정도를 예측하게 하는 것은 아니다. 몸을 구부리거나 눈을 치켜뜰 때 잘 나타난다.

또한, 시야의 맹점을 호소할 수 있는데, 유두부종의 초기에는 중심 시야는 침범되지 않고 시력에도 영향을 주지 않지만 이측 시야(temporal visual field)에 맹점이 나타난다. 때로는 주변 시야에 그림자가 보이지만 '제가 앞을 똑바로 보면 거기에는 아무것도 없어요'라고 호소한다. 하지만 드물게는 빠른 시각 악화와 중심성 시력 소실이 나타날 수 있다. 만성적인 유두부종은 시야 축소와 또 다른 시야장애를 유발하며, 때로는 비가역적인 시력상실이 올 수 있다. 드물게 복시, 이명, 목과 등의 통증 또는 방사통이 나타나기도 한다.

가장 진단적으로 특징적인 징후는 유두부종이다. 유두부종은 양측성이며 처음 시작은 유두의 하극부부터이고 차차 상극부, 비측부로 진행하여 결국 이측부까지 퍼져서 유두 전체에 부종이 온다. 두개강 내압이 급격히 상승할 때에는 24시간 이내에 유두부종이 나타날 수 있다. 완전히 진행된 유두부종은 직상검안경으로 관찰이 가능하지만, 초기에는 감지되지 않을 수 있어서 안과의사의 정밀검사가 필요할 수 있다. 안저 소견으로 유두는 융기되어 주변부와의 경계가 명확하지 않고 충혈되어 있으며 정맥의 울혈, 출혈, 삼출물도 관찰된다.

유두부종에 대한 치료는 원인을 제거하고 두개강 내압을 정상화시켜 주면 대개 2개월 이내에 유두부종의 증상은 모두 없어진다. 원인을 제거하기 어려울 때는 시력보존을 위해 시신경초감압술(optic nerve sheath decompression)을 하기도 한다. 시신경초감압술은 누공을 형성하고 시신경초의 지주막하 섬유성 조직 생성을 유발함으로써 수초압의 증가로부터 유두를 보호하며, 이 방법은 비교적 부작용과 합병증이 없다.

비타민A가 두개강 내 압력을 상승시킨다는 사실은 오래전부터 알려져 왔지만, 1954년 비타민A과다증 환자의 50%에서 두개강 내 고혈압이 발생된다고 처음으로 보고된 바 있다. 1982년 이소트레티노인이 처음 발매되고 나서 이 약의 복용 후 두통을 호소하는 경우가 흔했는데, 이후 이소트레티노인과 관련된 것으로 확인된 가성뇌종양

181명의 환자를 분석한 결과 증상이 나타나는 평균 투여 기간은 2.3개월이었으며 24%에서 이소트레티노인 투여 직전이나 동시에 테트라사이클린을 복용한 환자였으며, 이는 두 약물의 효과가 상승작용을 나타낸 것으로 보고되었다. 테트라사이클린, 미노사이클린, 독시사이클린 역시 가성뇌종양을 유발하는 약물로서 절대 이소트레티노인과 병용해서는 안되며, 이소트레티노인 처방 시 기존에 먹고 있던 약이 남아 있지는 않은지 확인하여야 한다. 이소트레티노인을 처방하였는데, 집에 남아 있던 미노사이클린을 함께 복용하여 발생될 수 있기 때문이다.

이소트레티노인 투여 후 가성뇌종양의 증상이 의심되는 환자의 경우는 즉시 약물복용을 중단시키고 정밀검사가 가능한 안과의사나 신경과의사에게 전원하여야 한다. 이소트레티노인 투여 중단 후 다른 여드름 치료약물을 사용할 경우에 테트라사이클린계 항생제를 사용하여서는 안된다. 가성뇌종양은 증상이 나타나는 초기에 빠른 진단이 절실히 요구되는 이소트레티노인 부작용 중 하나이다.

h. 피로감

Rademaker는 최근의 연구에서 1,743명의 이소트레티노인 복용 환자의 211명 (12.1%)이 피로감을 호소했으며 이는 구순염을 제외하면 역시 두 번째로 흔한 이소트레티노인에 의한 부작용이라고 보고했다. 하지만 매우 낮은 0.25mg/kg/day 이하의 용량에서는 그 빈도가 5%대로 나타났다.

i. 기분 변화

이소트레티노인을 복용한 환자에서 기분의 변화는 다양한 용량의 투여군에서 평균 7.1%에서 나타난다. 하지만 이러한 증상은 대개 피로감이 선행되어 나타나므로 실제 이 두 가지 이상 반응을 합치면 매우 흔하게 환자들이 호소하는 이소트레티노인 이상 증상의 하나이다. 하지만 0.5mg/kg/day 이하의 용량을 사용하는 경우는 그 빈도가 반으로 감소한다.

j. 고지혈증

이소트레티노인 투여 시 혈중 중성지방과 콜레스테롤의 상승은 투여량이 많을 경우 17~25%까지 나타날 수 있다. 당뇨병, 비만, 술을 많이 먹는 사람, 고지혈증의 가족력이 있는 경우에는 혈중 지질의 이상을 동반할 가능성이 크므로 투여 전에 주의하는 것이 좋으며, 복용 시에는 정기적인 혈액검사가 필요하다. 하지만 국내보고에 의하면 총콜레스테롤과 중성지방이 치료 4주 후부터 8주 사이에 의미 있는 상승 양상을 보이지만, 16주까지를 포함하여 모두 정상치 이내에 있었다고 하였다.

외국의 보고에서는 고용량을 사용하는 경우 콜레스테롤과 중성지방이 증가하였는데, 콜레스테롤은 치료 전에 높았던 경우에 상승하지만, 중성지방은 예측이 곤란하므로 치료 4주 후에 재검사를 권하고 있다. 일부 환자의 경우에는 이소트레티노인 투여 중 체중감량, 지방식이 및 알코올의 제한, 약물 투여량의 감소로 중성지방의 상승을 조절할 수 있다. 혈청 중성지방 수치가 500mg/dL이상으로 상승하는 경우 주의를 기울여야 하며, 700~800mg/dL를 초과하면 약물 투여를 중단하여야 한다.

k. 혈액 이상

이소트레티노인 복용과 관련하여 빈혈, ESR증가, 혈소판이상, 호중구감소증 등이 보고되어 있으며, 드물지만 무과립구증의 가능성에 대해서도 늘 주의를 기울여야 한다. 약물 투여 전과 투여 후 4~8주와 12주에 정기적인 혈액검사를 시행하는 것이 권장되고 있다.

l. 당뇨병

이소트레티노인과 당뇨병의 관련성은 확립되어 있지 않으나 공복 혈당치의 상승이 보고되기도 하였고, 이소트레티노인 투여 중 당뇨병으로 새로 진단된 경우도 있었으므로, 당뇨병으로 진단되었거나 의심되는 환자 또는 가족력이 있는 경우는 혈당치를 정기적으로 검사해 보는 것이 권장되고 있다. 하지만 당뇨병이 동반된 전신 환상육아종 환자에게 50mg/day의 이소트레티노인 투여로 성공적인 치료 효과를 보았다는 보고를 비롯하여, 당뇨병을 가진 환자에게도 정상적인 용량의 이소트레티노인이 사용가능하다는 견해가 많다.

m. 간기능 장애

국내보고에 의하면 이소트레티노인 복용 시 치료 전에 비해 치료 4주 후부터 8주 사이에 SGOT, SGPT가 의미 있게 상승하는 양상을 보이지만 대부분 증상이 없고 약물중단 후에는 회복된다고 하였다. 또한, 치료 전과 치료 후 대상자 모두에서 정상치를 크게 벗어나지 않으며 이로 인하여 어떤 특별한 조치를 취한 경우는 없었다고 하였다. 그러므로 치료 전 혈청 생화학 검사가 정상 범위라면 비교적 안전하게 약물을 투여할 수 있다고 보고하고 있지만, 이소트레티노인 투여 전, 투여 4~8주 및 12주에 주기적으로 혈액검사를 시행하는 것이 좋으며, 치료 기간 중 금주하도록 하여야 한 다.

n. 혈뇨

혈뇨는 소변 내 적혈구의 비정상적인 존재를 의미하며, 육안적 혈뇨와 현미경적 혈 뇨로 구분된다. 주로 전립선, 방광 또는 방광 삼각부의 이상 때문에 발생하는 소변의 마지막 부분에 혈뇨가 있는 종말혈뇨가 이소트레티노인 복용 1달 후 발생하고 약물중 지 2주 후 증상이 소실되었으며, 약을 재복용한 후 다시 증상이 나타난 증례가 보고 된 바 있다. 이러한 이상 증상은 이소트레티노인 투여 시 비강 건조에 의한 비출혈이 발생하는 것과 같이 점막 건조에 의해 발생되는 것으로 생각되고 있다.

o. 근골격계 증상

이소트레티노인에 의한 근육 이상 증상은 환자의 16~51%에서 대부분 근육통과 근 육압통 및 근경직이 주로 나타나는 것으로 보고되고 있다. 대부분 약물을 중단하면 빠르게 증상의 회복을 보이지만, 매우 드물게는 수개월간 근육통이 지속되는 경우도 있다. 근육병증이나 횡문근융해는 드물다. 아침이나 심한 운동 후에 증세가 나타나는 관절통이 발생하기도 한다. 과골증, 조기골단판폐쇄, 관절염, 건염, 골밀도저하, 인대 와 건의 석회화 및 다른 골 변화가 드물게 나타날 수 있다.

근육 파괴의 지표가 되는 Creatinine Phosphokinase(CPK)의 상승이 발견되는데, 환자의 41% 또는 37.3%에서 상승한다는 과거의 보고가 있었으나, 최근 Kaymak은 환자의 5.6%에서 정상보다 2~5배의 CPK 수치의 상승을 보인다고 보고하고 있다.

p. 일광화상

이소트레티노인을 복용하면 각질층이 얇아지고 빨라진 세포주기에 의해 각질형성세 포가 멜라닌을 측적시키지 못하므로 자외선에 대한 충분한 보호 기능을 담당하지 못 하게 되며, 또한 일광화상에 대한 감수성이 증가하게 된다. 그러므로 자외선 차단에 더욱 신경을 써야 한다.

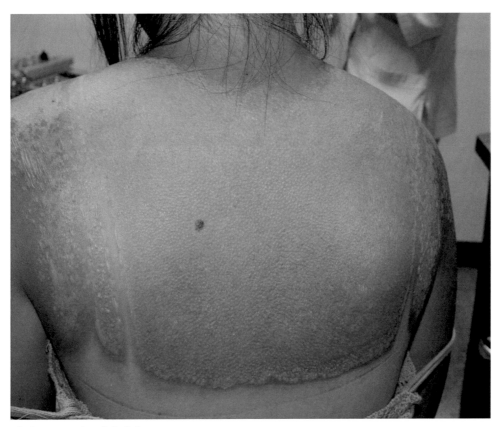

사진 8-2-16. 일광화상

q. 탈모증

레티노이드는 모낭의 형태 형성과 주기의 조절에 영향을 미치는 것으로 알려져 있다. 이소트레티노인이나 아시트레틴과 같은 레티노이드의 복용은 사람에서 휴지기탈모를 유발하지만, 때로는 상당히 광범위한 탈모가 초래되기도 한다. 이러한 레티노이드-유발 탈모증은 레티노이드 치료를 받는 환자가 겪는 흔한 심리적 고통의 하나로 알려져 왔다.

하지만 최근 1,743명의 이소트레티노인 복용 환자에 대한 조사연구에서는 탈모증의 부작용을 겪는 환자는 단 2명에 그쳤다는 보고가 있다. 또한, 국소 트레티노인을 미녹시딜과 병용하는 경우 미녹시딜의 성장기 연장 효과를 향상시킨다. 이소트레티노인 복용으로 모발의 색이 밝아지는 경우도 있는 것으로 알려진다.

사진 8-2-17. 이소트레티노인 복용 후 발생한 탈모증에 대한 검사

r. 피부감염

이소트레티노인 치료는 중요한 질적, 양적 변화를 야기해 피부 세균무리의 생태계를 변화시킨다. 가장 의미 있는 변화는 *P. acnes*와 그람음성균이 억제되고, 황색포도알균이 부각된다는 점이다. *P. acnes*의 억제는 피지 분비의 감소와 관련이 되며, 설명하기는 어렵지만 이소트레티노인 치료 종료 후 치료 전 수준으로 피지 분비가 회복되어도 오랜 기간 *P. acnes*가 억제된다는 점이 매력적인 여드름 치료제로서 호평을 받는 이유가 된다. 또한, 피지 분비의 감소로 인한 피부와 점막의 건조는 그람음성균의 현저한 감소를 가져오는 것이 증명되고 습기가 생존에 필요한 그람음성균을 빠르게 사라지게 함으로써 이소트레티노인이 그람음성균 모낭염의 1차 치료제로 현재 사용되고 있다. 하지만 이소트레티노인 치료 중인 환자의 피부와 점막에는 황색포도알균이 증가되는 현상을 관찰할 수 있는데, 비강의 건조와 염증이 황색포도알균의 집락 형성을 가져와 퍼져나가는 것으로, 염증조직의 황색포도알균 집락화는 흔히 발생된다. 그러므로 이소트레티노인 투여 중에 황색포도알균에 의한 국소적, 전신적 감염이 부작용으로 나타날 수 있다. 모낭염, 절종, 옹종, 농가진, 구각염, 안검염, 손발톱주위염, 외이도염, 요도염 등이 발생할 수 있으며, 이러한 경우는 무피로신과 같은 국소 항생제 도포나 경구 마크롤라이드계 항생제로 치료한다.

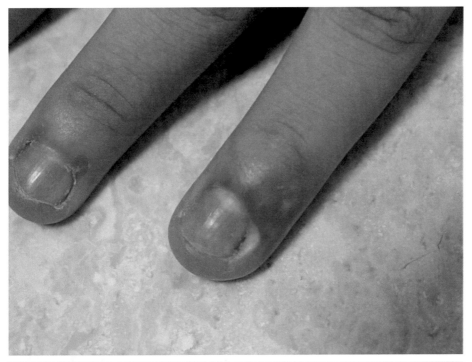

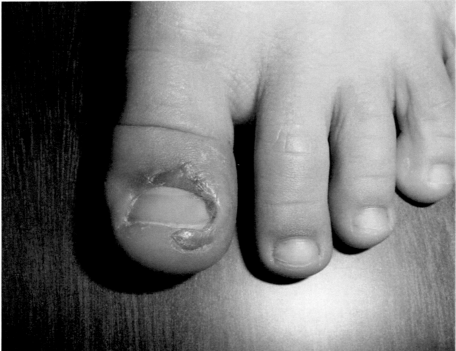

사진 8-2-18~19. 손발톱주위염

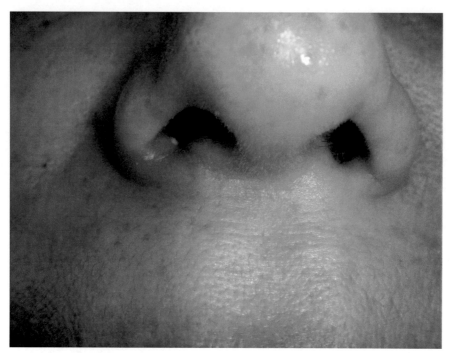

사진 8-20. 비절(코의 종기)

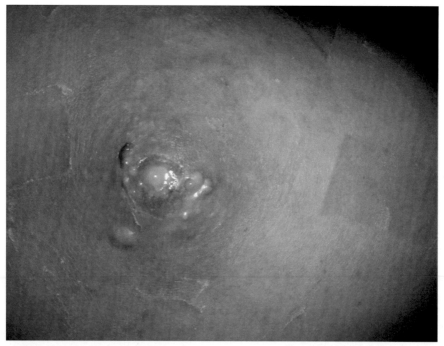

사진 8-2-21. 옹종(큰종기)

s. 전격여드름

드물지만 이소트레티노인 투여 시 전격여드름이 발생된 예도 있다.

t. 화농육아종

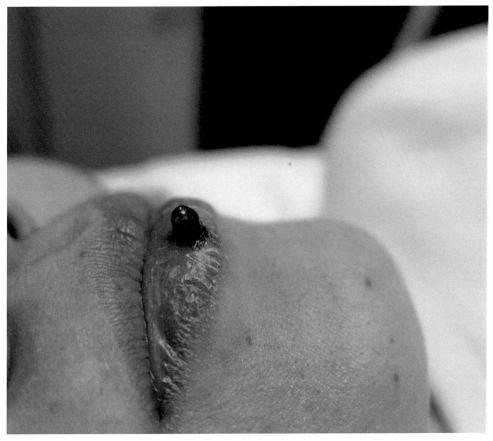

사진 8-2-22. 화농육아종

이소트레티노인 사용 중 육아조직의 과도한 증식이나 화농육아종의 발생이 드물지 않게 보고되고 있다. 정확한 발생기전은 알 수 없으나 이소트레티노인에 의해 피부가 약해지고 혈관이 증식되어 발생하는 증상으로 보인다. 강력한 국소 스테로이드제 도포와 경구 스테로이드 또는 항생제 투여 그리고 트리암시놀론 병변 내 주사, 전기소작술, CO_2 레이저나 펄스다이레이저 등이 도움이 된다.

u. 피부 약화

이소트레티노인을 복용한 경우에는 피부의 각질층이 얇아져서 자극에 의해 피부 손상이 쉽게 유발되며, 상처의 치유가 방해되고 불규칙한 비대흉터를 남길 수 있다. 노동자, 운동선수와 손을 많이 쓰는 사람의 손바닥, 손가락 및 발바닥 등에 마찰에 의한 수포가 잘 생길 수 있다. 피부박리, 피부염 및 흉터의 위험이 있으므로 왁스제모를 피하는 것이 좋고, 미용시술에 의해서도 필링제의 깊은 침투나 예기치 않은 외상이 야기될 수 있으므로 주의하여야 한다. 또한, 이소트레티노인 투여에 의해 드물지 않게 손발바닥의 피부박리가 나타나는데, 이는 표피지질의 변화, 피부장벽기능의 이상에 의해 발생한다.

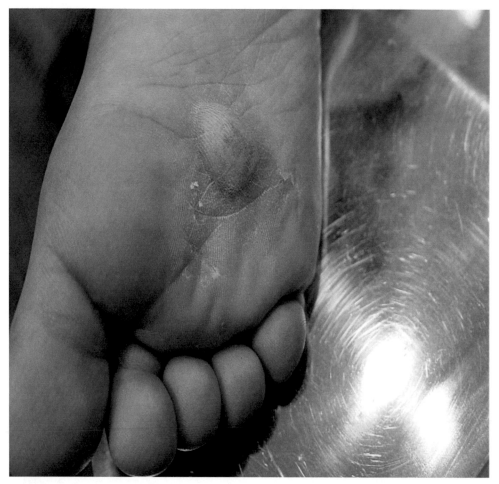

사진 8-2-23. 마찰물집(마찰 수포)

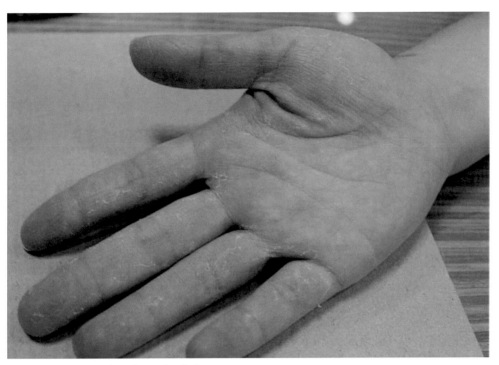

사진 8-2-24. 손바닥의 표피 박탈

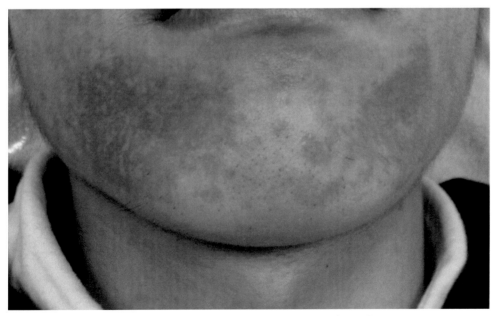

사진 8-2-25. 얕은 필링인 제스너필링이 깊은 침투를 보이는 예

v. 호흡기 증상

이소트레티노인 복용 시 호흡기 감염증상이 나타날 수 있고, 비점막 건조가 유발될 수 있으며, 그로 인한 비출혈이 나타날 수 있다. 또한, 인두 점막 건조로 인해 음성 변화 또는 목이 쉴 수도 있는데, 쉰 소리는 이소트레티노인의 드문 부작용이지만 점 막이 약해지고 혈관이 증식하며 생기는 후두의 종창 및 육아조직의 발생에 의한 것으로 생각되고 있다. 하지만 약물 사용을 중단하면 증상은 소실되는 경우가 대부분이다. 또한, 기관지 건조에 의한 자극 때문으로 생각되는 천식의 악화와 천식의 병력이 있는 환자에서 발생한 기관지경련이 보고되고 있다. 최근 연구에 의하면 이소트레티노인은 점액의 점도를 증가시켜 점액섬모청소율에 영향을 미치지만, 폐기능검사에는 영향을 주지 않는다고 하였다. 드물지만 이소트레티노인과 간질섬유증, 호산구성 흉막 삼출, 재발성 기흉, 폐육아종과의 관련성이 보고된 바 있다.

w. 남성 성기능장애

이소트레티노인에 의한 남성 생식기에 대한 유해성은 없는 것으로 알려지고 있으나, Tirado Sánchez 등이 보고한 남성 발기장애에 대한 보고가 있다. 이소트레티노인을 복용한 남성으로 비롯된 기형아 출산의 가능성에 대한 보고는 아직 없다.

3. 호르몬 치료(Hormonal therapy)

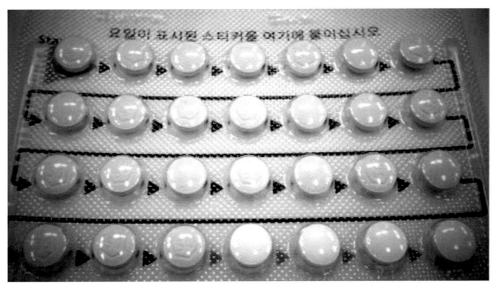

사진 8-3-1. 야즈 정™(ethinyl estradiol 0.02mg - drospirenone 3mg)

통상적인 여드름 치료에 반응하지 않는 경우에는 환자에게 호르몬 불균형의 문제가 내재되어 있지는 않은지 고려해 보아야 한다. 만약 안드로겐과잉증의 징후가 있는 경우에는 일반적인 여드름 치료와 병합하여 호르몬 치료 및 철저한 검사가 이루어져야 한다. 여드름의 발생기전에 있어서 호르몬의 피지샘에 대한 영향을 이해하는 것은 호르몬 치료를 최적화하는데 있어서 필수불가결한 것이다. 피지세포(sebocyte)는 피지샘을 형성하는데, 사람의 피지세포는 펩타이드호르몬, 신경전달물질에 대한 수용체 및 스테로이드와 갑상선호르몬에 대한 수용체와 같은 다수의 수용체들을 발현한다. 이러한 피지세포 수용체를 통해 작용하는 여러 호르몬과 매개체들이 여드름 병변의 발생에 함께 관여하게 된다.

안드로겐의 자극으로 유발되는 피지 분비의 증가는 여드름 발생에 있어서 중요한 인자 중의 하나이다. 하지만 피지 분비는 안드로겐 외에도 에스트로겐, 성장호르몬, 인슐린, IGF-1, 글루코코르티코이드, 부신피질자극호르몬, 멜라노코르틴 등과 같은 다른 호르몬에 의해서도 또한 조절되므로, 호르몬 치료는 정상 혈청안드로겐 수치를 보이는 여성 여드름 환자에게도 도움이 될 수 있다. 여드름 환자에 대한 호르몬 치료의 목표는 피지 생성의 억제이므로, 주로 피지샘에 대한 안드로겐의 작용을 억제하는데 초점을 맞춰야 한다. 왜냐하면, 피지의 분비는 안드로겐에 의해서 증가하고, 에스트로겐이나 항안드로겐호르몬에 의해 감소하기 때문이다. 여성도 난소, 부신, 피부에서 androstanedione, DHEA, DHT와 같은 남성호르몬이 생성되므로, 이러한 남성호르몬이 경우에 따라 여드름의 원인이 될 수 있다. 호르몬 이상에 의한 여드름은 일반적으로 항생제 치료에 실패하는 경우가 많으며, 생리 2~3일 전에 악화되는 경향을 보인다. 호르몬 치료는 일반적인 치료에 반응이 없거나, 호르몬에 이상이 있는 환자에게 사용하는 것이 원칙이다.

(1) 호르몬 검사

안드로겐은 여드름의 발생에 있어서 필수적인 것이지만, 여드름이 있는 여성의 건강검진 결과는 보통 안드로겐의 수치가 정상인 경우가 많다. 여드름이 있는 여성 환자의 혈청 DHEAS, 테스토스테론 및 DHT는 대개 높거나 정상인데, 이처럼 정상 수치를 보이는 이유로 여드름 환자에서는 안드로겐의 국소적 생성이 증가되거나, 또는 피지샘이 안드로겐의 효과에 더 민감하기 때문일 것으로 생각되고 있다.

그렇더라도 안드로겐이 증가된 여성이건, 정상인 여성이건 호르몬 치료에는 다 효과를 보인다. 하지만 심한 여드름이 있는 성인여성에서 여성 다모증이 동반되거나 불규칙한 생리 기간을 보일 때 안드로겐과잉증이 고려되어야 하며, 내분비계통의 이상 여부에 대한 호르몬 검사를 받는 것이 좋다. 그 외의 증상으로 쿠싱양 모습, 리비도의 증가, 흑색극세포증의 존재, 남성형 탈모 등이 나타나는 경우이다.

검사항목은 DHEAS, testosterone(total & free), LH/FSH ratio 등이다. 검사는 배란으로 인한 영향을 피하기 위해 생리 시작 전 2주 동안에 시행되어야 하며, 피임약을 복용 중인 환자는 4~6주간 중단 후 검사한다. 호르몬 검사 결과를 판독할 때는 안드로겐이 여성의 난소뿐만이 아니라 부신 및 피부 자체에서도 생성된다는 사실을 기억해야 한다.

1) DHEAS

DHEAS의 상승은 안드로겐의 부신 기원을 시사하는데, 정상 수치는 3,500ng/mL로 8,000ng/mL 이상은 부신종양을 의미하며 4,000~8,000ng/mL는 선천부신과다형성을 고려하여야 한다.

2) 테스토스테론

테스토스테론의 상승은 안드로겐의 난소 기원을 의미하며 free testosterone은 모든 형태의 안드로겐과잉증에서 상승되지만, SHBG 기능장애가 있는 경우 도움이 된다. total testosterone이 150~200ng/dL(정상범위: 20~80ng/dL) 이상으로 상승하는 경우 난소종양을 의심한다. 경미하게 상승하는 경우는 다낭난소증후군을 시사한다.

3) LH/FSH ratio

다낭난소증후군에서는 또한 LH/FSH ratio가 2~3:1 이상으로 상승한다. 그 외에도 불규칙한 생리 주기, 출산력 저하, 비만, 여성 다모증 및 인슐린 내성 등이 나타난다. 다낭난소증후군으로 진단되는 경우는 정밀검사를 위해 산부인과로 전원하는 것이 좋다.

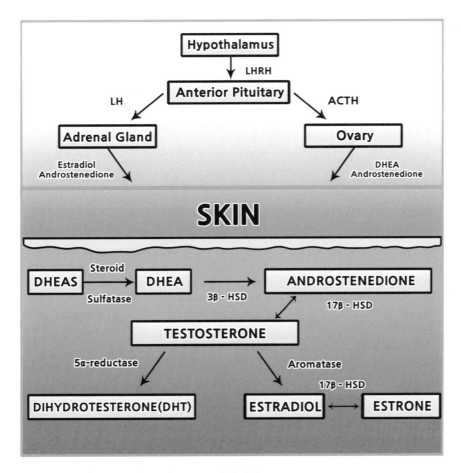

그림 8-3-2. 테스토스테론 및 DHT 합성과정

(2) 호르몬 요법

이미 알려진 대로 여드름은 수많은 여성들의 만성적 고민거리로, 여성 환자의 81% 는 경구 항생제 치료에 실패하며 이소트레티노인 치료 후 재발률은 15~30%에 달한 다. 또한, 안드로겐과잉 징후를 보이는 여성은 보통 통상적인 국소치료제의 사용에 반응하지 않는다. 생리 전 얼굴 여드름의 발적이 나타나는 경우 또는 얼굴 아래 부위 나 목의 심재성 결절을 가지고 있는 여성은 호르몬 요법의 좋은 대상이 된다.

A. 안드로겐수용체 차단제

피지샘에 대한 안드로겐의 효과를 차단하는 약물로서, 현재 사용되고 있는 안드로겐 수용체 차단제는 스피로노락톤, 초산시프로테론, 플루타미드이다. 이 세 가지 약물은 여드름 치료에 대해 FDA의 승인을 받지 못하고 있으며, 초산시프로테론은 미국에서 는 사용되지 않는다.

a. 스피로노락톤

스피로노락톤은 합성 스테로이드성 안드로겐수용체 차단제로서, 고혈압과 신부전 이 외에도 여드름과 여성 다모증의 치료에 오랫동안 사용되고 있다. 이 약물은 이뇨, 혈 압 강하 및 칼륨 저류를 위해 신장에서 알도스테론 수용체와 경쟁하여 알도스테론 길 항제로 작용한다. (1) 안드로겐수용체에 대해 테스토스테론과 DHT와 경쟁하여 안드 로겐의 자극으로 유발되는 피지 분비를 줄이고, (2) type2 17β-HSD를 감소시켜 안 드로겐 합성을 억제하여 androstenedione의 testosterone으로의 전환을 차단하며, (3) 5α-reductase를 억제하여 testosterone의 DHT으로의 전환을 차단하고, (4) SHBG 레벨을 상승시키는 기전을 통해 항안드로겐 효과를 나타낸다. 경구 투여 후 간에서 대사 물질인 canrenone으로 전환되어 대사되고 혈청 반감기는 4~8시간이다.

구주스피로닥톤정®(spironolactone 25mg)으로 하루 투여량은 50mg~200mg을 하루 2회 분할 경구 투여한다. 하지만 여드름을 조절하는데 있어서는 저용량 용법도 효과적이며 부작용이 감소된다. 21명의 여성에 대해 매일 200mg을 12주간 사용하여 여드름의 의의 있는 호전을 보았고, 50~200mg 하루 용량으로 36명의 남녀에 12주 간 투여한 결과 용량의존성 호전을 보였으며 최대 효과를 나타내는 용량은 100~200mg/day였다. 또한, 매일 50mg 12주 투여는 34명 중 24명에서 여드름 소 실이 나타났다고 보고되고 있다.

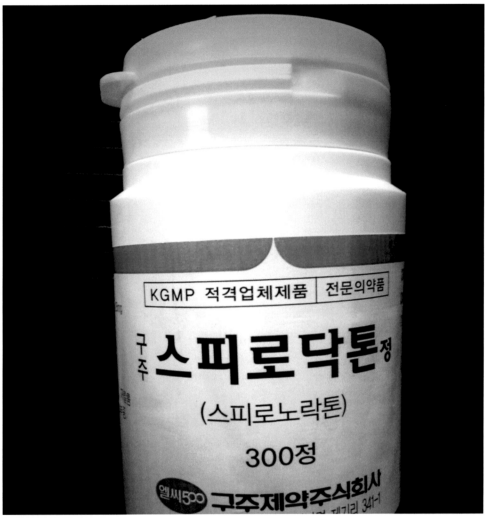

사진 8-3-3. 구주스피로닥톤정™(spironolactone 25mg)

스피로노락톤은 일반적으로 여성에서는 잘 적응이 되는 약물이지만, 남성의 경우 리비도저하, 발기부전, 여성형 유방 등의 용량의존성 부작용이 있어 한계를 보인다. 부작용의 빈도는 75~91%로 높지만, 다행히 경미하여 대부분의 환자는 약물 투여의 지속을 선택하는 것으로 알려진다. 가장 흔한 부작용은 생리불순과 유방압통 및 유방비대이며, 흔한 대사성 부작용으로 가장 두려운 것은 고칼륨혈증이다. 하지만 50mg 하루 2회 3개월을 투여한 28명의 환자에서 치료 전후 칼륨레벨은 정상 범위 내에 있었고, 혈압도 별 변동이 없었다고 하며, 85명에 대한 다른 연구에서는 대부분의 환자에서 5%의 혈압강하와 조사대상의 10%에서 임상적으로 의의 없는 고칼륨혈증이 관찰되었다고 하였다. 그러므로 다른 동반 질환을 가진 나이 많은 환자나 고용량이 투여된 경우 치료 1개월 뒤 칼륨 수치를 체크해 볼 것이 권장되고 있다. 감각이상, 근육 쇠약, 피로, 사지의 무기력한 마비, 서맥 및 쇼크 등의 고칼륨혈증에 대한 경고 증상이 있는 경우는 심전도를 측정해야 한다. 두통, 현기증 및 착란 등과 같은 신경학적 부작용과 구역, 구토, 식욕부진 및 설사 등의 위장관 부작용이 있으며, 한때는 유방암과의 관련성에 논란이 있었으나, 스피로노락톤과 유방암은 연관성이 부족한 것으로 입증된 바 있다. 하지만 장기간의 동물시험에서 내분비기관과 간에 선종이 유발될 수 있다고 보고되고 있다. 남성 태아의 발달 과정에 강력한 여성화 효과 때문에 임부에게 금기이며(현재 임부 금기 2등급으로 고시), 기형아 출산을 막고 부작용을 감소시키기 위해 스피로노락톤은 피임과 함께 사용되어야 한다. 국소 스피로노락톤의 피지 억제 효과가 시험되었으나 아직은 더 연구가 필요한 상태이다.

b. 초산 시프로테론

시프로테론은 연구되었던 첫 안드로겐수용체 차단제의 하나로, 현재 미국에서는 사용되지 않으며 캐나다, 유럽 그리고 아시아에서 사용되고 있다. 안드로겐수용체를 직접 억제하는 이중 작용을 가지고 있으며, 복합 경구피임약에서 프로게스테론으로 작용할 수 있다. 이 약물은 3ß-HSD의 활성을 차단하여 DHEA의 androstenedione으로의 전환을 방해함으로써 테스토스테론의 감소를 가져와 결과적으로 피지 분비를 억제시킨다. 초산시프로테론 단일 제제는 주로 수술이 불가능한 전립선암에 사용되지만, 50~100mg/day 용량으로 75~90%의 여드름 호전율을 나타낸다. 안드로쿨 정™ (cyproterone acetate 50mg)이 단일성분 제제로, 또는 초산시프로테론 2mg과 ethinyl estradiol 0.035mg의 복합제제 경구피임약 다이안느 35정™(cyproterone acetate 2mg - ethinyl estradiol 0.035mg)이 사용된다.

가장 흔한 부작용은 유방압통, 두통, 구역, 돌발출혈 등이지만 대개 다음 주기에 호전된다. 용량의존적으로 황달, 간염, 간부전과 같은 직접적인 간독성이 관찰되며, 100mg 이상을 투여받은 환자(대부분 진행성 전립선암의 남성)에서 치명적인 간독성이 나타날 수 있고, 수년 이상의 장기 투여 시 단발성 및 다발성 수막종이 보고되고 있어서, 이러한 징후가 발견되면 즉시 약물 투여를 중지하여야 한다. 여성에서는 태아(남)의 여성화의 위험이 있으므로 임부에게 투여하여서는 안 되며(임부 금기 1등급), 가임기 여성에서는 피임약과 병용 투여하여야 한다.

c. 플루타미드

플루타미드는 FDA에 의해 전립선암 치료제로 승인된 비스테로이드성 안드로겐수용체 차단제로서 여드름, 남성형 탈모, 여성 다모증에도 효과를 보인다. 경구 투여 후 강력한 대사 물질인 2-hydroxyflutamide로 전환되어 DHT가 안드로겐수용체에 결합되는 것을 선택적으로 억제하며, 또한 비활성 대사 물질로의 안드로겐 대사를 증진시킨다.

여드름 치료에는 62.5mg/day 정도의 저용량부터 500mg/day까지 사용된다. 플루타미드 250mg/day 투여 시 여드름에서 80%의 호전이 보였다는 보고가 있다. 흔한 부작용은 유방압통, 위장관장애, 안면홍조, 리비도감소 등이며, 치명적인 부작용은 간손상으로 혈청 트란스아미나제 상승, 황달, 간성 뇌병증 및 급성 간기능부전이 보고되므로 약물 투여 전에 반드시 간기능검사를 시행하고, 그 후 매달 4개월간 정기적인 검사가 필요하다. 청색증이 나타나면 메트헤모글로빈혈증 여부를 확인하여야 하며, 메트헤모글로빈은 5% 이상이면 투여를 중지한다. 현재 국내에서 유통/생산되지 않으며, FDA 분류상 D등급이다.

B. 난소안드로겐 차단제(경구피임약)

여드름에 대한 호르몬 치료의 또 다른 선택은 난소 안드로겐 생성을 억제하는 작용을 하는 경구피임약이다. 특히 피임에 관심이 있는 여드름이 있는 여성에게 유용한 선택이 될 수 있다. 프로게스틴 단독성분의 경구피임약은 여드름을 악화시키므로, 에스트로겐(보통 에치닐에스트라디올)과 프로게스틴 복합 경구피임약이 여드름에 사용되며, 이러한 경구피임약은 안드로겐을 감소시켜 피지 분비를 억제함으로써 그 치료 효과를 보인다. 경구피임약은 난소에서 안드로겐의 합성을 감소시킬 뿐만 아니라 부신과 피부의 안드로겐 생성도 억제하며, 또한 SHBG 레벨을 상승시키는 기전을 통해 항안드로겐 효과를 나타낸다. 그러므로 경구피임약은 여드름이 있는 여성에서 단독적으로 또는 다른 여드름 치료와 병행하여 효과적으로 사용될 수 있다.

현재 다양한 경구피임약이 여드름 치료에 사용되고 있으나, 그중 저용량의 에스트로겐(에치닐에스트라디올)과 여드름의 악화를 경미하게 초래할 2, 3세대 프로게스틴 성분의 복합제로 오직 세 가지 경구피임약만이 이러한 목적에 대해 FDA의 승인을 받았다.

이 중에 국내에서 유통되는 경구피임약은 야즈 정™(ethinyl estradiol 0.02mg - drospirenone 3mg)으로, 항안드로겐 성향을 가진 새로운 프로게스틴인 드로스피레논을 함유한 초저용량 먹는 피임약이다. 야즈 정™을 6주기 이상 사용한 여성의 여드름 치료 효과에 대한 연구에서 전체 병변의 수가 의미 있게 감소하고 월등한 증상의 호전을 보였으며, 또한 혈청 total testosterone과 androstenedione을 유의하게 낮추며 SHBG를 증가시킨다고 보고된 바 있다. 대개 임상적으로 3~4개월 이상 복용하여야 효과가 나타나며, 중등도~중증 여드름이나 여성 다모증과 지루가 심한 여성 여드름 환자에게 우수한 선택이 될 수 있다.

사진 8-3-4. 야즈 정™(ethinyl estradiol 0.02mg - drospirenone 3mg)

[야즈 정™의 효능/효과]

1. 여성에서의 피임
2. 피임법으로서 경구피임약을 사용하고자 하는 여성에서 월경전불쾌장애 증상의 치료
3. 피임을 위해 경구피임약을 사용하려는 피임에 금기가 아닌 14세 이상의 초경 후 여성의 중등도 여드름(acne vulgaris) 치료
4. 피임법으로서 경구피임약을 사용하고자 하는 여성에서 월경곤란증의 치료.

[야즈 정™의 여드름 치료 용법/용량]

여드름이 있는 여성에서 복용 시작 및 시기는 경구피임약의 용법/용량을 따른다. 즉, 24일 동안 복용하고 나머지 4일간은 위약을 복용하는 24/4용법으로 복용하며, 24/4용법은 기존의 21일 복용, 7일 휴약하는 21/7 용법에 비해 체내 호르몬 변화의 폭을 감소시켜 전체 생리 주기 동안 훨씬 더 안정된 호르몬 수준을 유지할 수 있다는 특징이 있다. 28일 후에는 다음 날부터 새로운 포장을 복용한다. FDA 분류상 X등급 이다.

경구피임약 복용과 관련된 흔한 부작용으로 생리불순, 구역, 구토, 위장관 증상, 이상출혈, 하지부종, 기미, 유방변화, 체중변화, 황달, 편두통, 우울증 등이 나타날 수 있으며, 치명적인 부작용으로는 혈전정맥염, 혈전색전증, 폐색전, 심근경색, 뇌출혈, 뇌혈전, 고혈압, 담낭질환, 간선종 및 간 양성종양, 장간막혈전증, 망막혈전증 등이 있다. 경구피임약 복용 시에는 반드시 금연하여야 하며, 고칼륨혈증 및 심혈관계 이상에 대한 주의가 필요하고, 주기적인 유방검사 및 산부인과 진찰이 필요하다.

그 외 여드름 치료에 효과를 보이는 다른 경구피임약으로는 아직 FDA의 승인을 받지 못했지만, 시프로테론아세테이트 2mg과 에티닐에스트라디올 0.035mg의 복합제 제인 경구 피임약 다이안느 35정™(cyproterone acetate 2mg - ethinyl estradiol 0.035mg)이 사용된다.

사진 8-3-5. 다이안느 35정™(cyproterone acetate 2mg - ethinyl estradiol 0.035mg)

[다이안느 35정™의 효능/효과]

1. 가임기 여성의 다음과 같은 안드로겐 의존성 질환의 치료
- 중등도 및 중증 여드름(지루 수반 여부와 관계없이)
- 안드로겐성 다모증
2. 이 약은 여드름 치료를 위해 국소성 치료제 및 전신 항생제를 이용한 치료가 실패한 이후에만 사용되어야 한다.

[다이안느 35정™의 여드름 치료 용법/용량]

다이안느 35정™의 용법은 혼합 경구피임제의 사용법과 유사하므로 동일하게 투여한다. 1일 1정씩 21일간 표시된 순서에 따라 복용하고, 7일간 휴약한다. 복용시간은 가능하면 매일 같은 시간에 복용하는 것이 바람직하다. 7일의 휴약기간 동안 월경이 나타나며 대개 정제의 마지막 복용 후 2~3일 내에 시작되지만, 새로운 포장을 시작하기 전에 월경이 끝나지 않을 수도 있다. 계속 복용할 경우에는 7일간 휴약 후 새 포장의 정제로 복용을 시작한다. 매우 지성인 여드름 환자, 치료에 반응하지 않는 구진성, 농포성 여드름과 응괴여드름에 유용하며, 때로는 이소트레티노인을 투여받고 있는 환자에서 임신방지 목적으로도 사용된다. 치료 기간은 개인에 따라 다르며, 항생제보다 효과가 늦게 나타나고 수년간 지속하여야 하는 경우도 있으므로 다른 치료제와 병행하여 효과를 높일 수 있다. 또한, 약물복용을 중단하면 1~2개월 후에 재발하는 경우가 많다고 알려진다. 임부에 원칙적으로 사용 금기인 1등급 약물이다.

부작용으로는 생리불순, 유방압통, 구역, 구토, 두통, 하지부종 및 혈전증 등이 있다. 2013년 1월 프랑스보건의약품안전청(ANSM)은 지난 1987년부터 시판된 다이안느 35정™의 여드름 적응증과 관련한 유익성·위해성 자료를 검토한 결과 이 약물을 복용한 여성이 복용하지 않은 여성보다 정맥혈전색전증 위험성이 4배 더 높았다며 판매를 금지하고 나섰으나, 유럽의약품청(EMA) 산하 약물감시위해평가위원회(PRAC)는 혈전색전증 위험을 최소화하는 조치가 마련된다면 다이안느 35정™의 효과는 위험성을 넘어선다는 결론을 내렸다고 발표하면서, 도포제나 경구제 등 다른 치료법에 실패한 가임기 여성이 중등도 이상 여드름을 치료할 목적으로 사용할 수 있다고 단서를 다는 등 논란이 되고 있다.

유럽 CMDh는 유익성/위해성 평가 결과 허가변경조치를 결정('13.5.30)했고, 프랑스는 유럽 집행위원회(EC) 최종결정에 따라 시판중지 조치를 철회('13.8.23)했으며, 식약처는 전문가 학회 자문, 국외 허가사항 등을 종합적으로 검토하여 '초산시프로테

론, 에티닐에스트라디올' 함유제제 허가변경('14.1.7)을 하였고, 의·약전문가는 변경되는 허가사항에 유의하여 처방·투약 및 복약지도를 하도록 하였다.

C. 글루코코르티코이드

부신피질호르몬은 강력한 소염효과와 함께 안드로겐 생성의 부신억제 효과를 가지고 있다. 고용량을 단기간 사용하는 경우 항염증 효과로 인해 심한 여드름 환자에서 증상의 호전을 볼 수 있으나, 장기간 사용하면 각종 부작용과 함께 오히려 여드름을 유발한다. 응괴여드름 및 전격여드름과 같은 심한 염증성 여드름의 경우에 1차 선택약이며, 단기간 사용으로 염증성 병변을 효과적으로 감소시킨다.

소론도 정™(prednisolone 5mg)을 매일 체중 kg 당 1mg으로 1주일간 투여 후 2주간 서서히 줄여 가거나, 트리암시놀론 40mg을 근육 주사한다. 단독요법보다는 스테로이드를 이소트레티노인 또는 항생제와 병합하여 주로 사용한다. 이소트레티노인 치료 초기에 여드름 발적이 나타나는 경우에 사용되기도 하며, 전격여드름은 스테로이드와 항생제를 1~2주간 병합 투여 후 이소트레티노인을 투여한다.

사진 8-3-6. 소론도 정™(prednisolone 5mg)

또한, 안드로겐 생성의 부신억제 효과를 가지고 있으므로 때로는 저용량의 부신피질 호르몬을 DHEA가 증가되어 있거나, 안드로겐 과다인 환자에서 사용한다. 이런 경우는 2.5mg~5mg의 프레드니솔론 또는 덱사메타손을 취침 시에 투여하면 부신의 안드로겐 생성이 억제된다. 에스트로겐과 병행하면 피지 생성이 억제되므로 난치성 여드름에 사용될 수 있다. 프레드니솔론은 FDA 분류상 C등급이다.

D. 효소차단제(5α-reductase inhibitor)

테스토스테론은 5α-reductase에 의해 강력한 안드로겐인 DHT로 전환되거나, aromatase에 의해 estradiol로 전환된다. 5α-reductase는 안드로겐 의존성 질환인 여드름, 남성형 탈모, 여성 다모증 등에 있어서 중요한 효소인데, type1과 type2로 분류된다. type1이 피부에서 주된 형태로 얼굴과 두피 피부의 피지샘에서 고농도로 발견된다.

남성형 탈모 치료제로 잘 알려져있는 피나스테리드는 type2 5α-reductase 억제제로, type2 5α-reductase가 피부에서 발견되지 않으므로 여드름 치료에 도움이 되지 않는 것으로 알려진다. 현재 type1 5α-reductase 차단제의 개발이 관심이 되고 있다.

4. 항진균제(Antifungal agents)

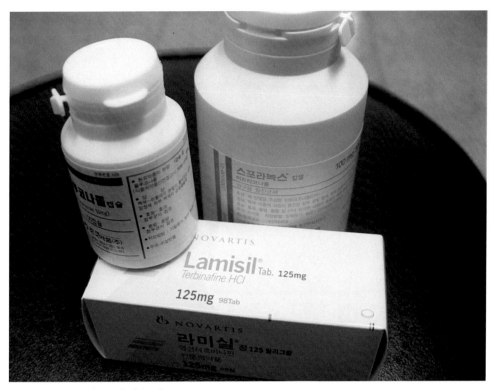

사진 8-4-1. 경구 항진균제

상용되는 여드름 치료에 반응이 전혀 없는 경우 한 번쯤 여드름과 닮은 질환을 여드름으로 잘못 알고 치료하고 있었던 것이 아닌가 생각해 보아야 한다. Nguyen은 여드름 치료를 위해 항생제를 사용하는 경우 경구 항생제의 종류에 상관없이 3개월 (8-16주) 정도를 투여해 보아야 하며, 만약 3개월 이내에 여드름의 호전이 보이지 않으면 내성을 의심하여 항생제를 바꾸거나, 말라쎄지아(피티로스포룸)에 대한 항진균제의 추가를 고려해 볼 것을 주장한 바 있다.

또한, 최근에는 스테로이드가 말라쎄지아모낭염의 중요한 유발요인 중 하나라는 점과 스테로이드여드름과 임상적 유사성, 직접도말검사 소견 및 치료 반응 등의 결과를 통해 말라쎄지아모낭염과 스테로이드에 의한 여드름모양발진이 결국 하나의 연속선상에 있는 동일한 질환이거나 혹은 스테로이드성 여드름모양발진이 말라쎄지아모낭염의 아형으로 분류되는 것이 바람직할 것이라는 견해가 있다.

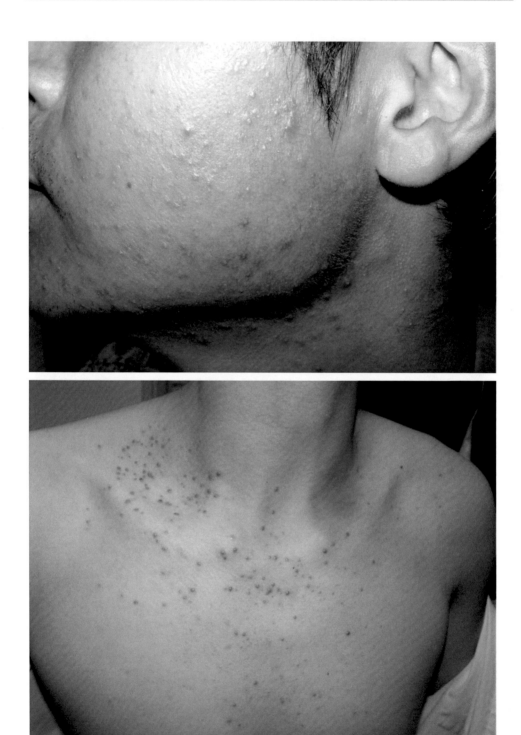

사진 8-4-2~3. 피티로스포룸모낭염(말라쎄지아모낭염)

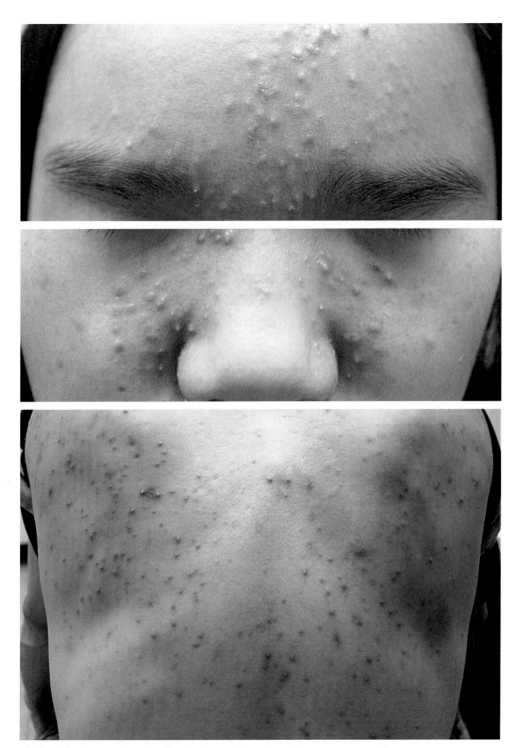

사진 8-4~6. 스테로이드여드름(Steroid-induced acne, Steroid acne)

또한, 피티로스포룸모낭염이 생긴 많은 환자들에서 국소 및 경구 여드름 치료제로 치료받은 여드름 병력이 있으나 호전이 없었고, 어루러기 치료에 효과가 있는 약이 오히려 효과를 보이는 경우가 관찰되었으며, 이는 많은 예의 피티로스포룸모낭염이 여드름의 한 형태로 오인되어 여드름 치료가 시행되었다는 것이다. 그러므로 여드름 과 피티로스포룸모낭염의 정확한 감별진단이 성공적인 치료에 반드시 필요하다.

사람의 모피지샘에는 *P. acnes*와 말라쎄지아 균종이 함께 상재하고 있기 때문에 보통여드름과 말라쎄지아모낭염이 피부의 어느 한 부위에 혼재되어 나타날 수 있으며, 말라쎄지아 균종의 면포형성능 때문에 임상적으로 보통여드름으로 진단된 면포성 병변이 실제로는 말라쎄지아모낭염에 의한 병변일 가능성도 배제할 수 없다고 보고된 바 있다. 국내에서 심상성 여드름으로 진단된 안면부 면포에서 직접도말검사와 배양검사 및 균종의 동정을 실시한 결과, 보통여드름 환자 32명 중 8명(25%)에서 균의 등급별 분포가 4+인 말라쎄지아모낭염의 진단기준에 부합하였다고 하였다.

그러므로 특히 얼굴에 발생하는 여드름모양발진이 여름에 말라쎄지아모낭염이 잘 발생하는 부위의 병변과 동반되는 경우는 말라쎄지아모낭염을 의심해 보아야 하며, 통상적인 여드름 치료에 반응을 보이지 않는 환자의 경우 말라쎄지아모낭염이 혼재되어 있을 가능성을 배제하기 위해 직접도말검사를 시행하는 것이 필요할 것이다.

이런 경우에는 이트라코나졸(매일 200mg 2주) 또는 플루코나졸(주 1회 150mg 2~4주) 등을 투여한다. 흔히 스포라녹스 캅셀™ 100mg (itraconazole) 또는 유나졸 캅셀™ 50mg (fluconazole)을 처방한다. 이트라코나졸은 간·신장애, 심실기능 저하, 울혈성 심부전 기왕력자에게 신중히 투여하여야 하고 시사프라이드, 도페틸리드, 경구용 미다졸람, 피모지드, 레바세틸메타돌(레보메타딜), 퀴니딘, 심바스타틴, 트리아졸람 등 다양한 약물과의 병용이 금기이므로 주의하여야 한다. 특히 간장애 환자 및 다른 약물로 인한 간독성을 경험한 환자의 경우에는 이 약물이 주로 간에서 대사되므로 치료의 유익성이 간손상의 위험성을 상회한다고 판단되는 경우에만 투여하며, 간기능검사를 자주 시행하여야 한다. 임부와 가임부, 수유부에게는 금기이다. FDA 분류상 C 등급이다.

플루코나졸은 간·신장애(간기능이 악화될 수 있음), 부정맥 우려자, 테르페나딘(1일 400mg 미만) 또는 할로판트린 투여자에게 신중히 투여하여야 하며, 시사프라이드, 아스테미졸, 에리스로마이신, 피모지드, 퀴니딘 등과의 병용을 피해야 하고, 임부와 가임부, 수유부에게는 금기이다. FDA 분류상 D등급이다

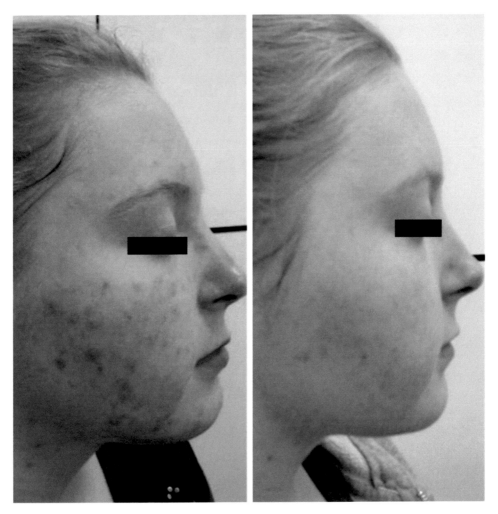

사진 8-4-7. 항생제 치료에 반응이 없고, 항진균제 투여 2주에 호전을 보인 여드름 환자

참고문헌

1. 강성호, 김한욱. 심상성 여드름의 면포에서 Malassezia 효모균의 분리. 대한의진균학회지 1999; 4 (1): 33-9.
2. 고주연, 김낙인, 이주흥, 이준영, 성경제, 노영석. 한국형 여드름 중증도 시스템을 이용한 경구 이소트레티노인(Roaccutane(R))의 여드름 치료 효과 평가 및 환자의 만족도에 대한 연구. 대한피부과학회지 2009; 47 (3): 287-94.

3. 기호균, 윤숙정, 이지범, 김성진, 이승철, 원영호. 여드름 환자에서 세균 배양과 항생제 감수성에 관한 연구. 대한피부과학회 초록집 2004; 42 (20): 126.

4. 김문주. 여드름 예방과 치료에 대한 고찰. 最新醫學 1999; 42 (3): 1-17.

5. 김범준. 여드름 : 기타 경구용 제제의 사용. 대한피부과학회 초록집 2010; 48 (20): 101.

6. 김원호, 김철우, 김광호, 김광중. 여드름 환자에서 경구용 Isotretinoin 치료 시 호중구에 의한 과산화수소 발생 감소 효과 비교. 대한피부과학회 초록집 2005; 43 (20): 179.

7. 김은성, 김경진, 문기찬, 성경제, 최지호, 고재경. 경구 Isotretinoin 과 전신 스테로이드제로 치료한 여드름 1 예. 대한피부과학회지 2001; 39 (11): 1337-9.

8. 김인숙, 이미경, 김종국, 최한곤, 고종호, 이사원. 클래리스로마이신 정제의 생물학적 동등성 평가. 응용약물학회지 1998; 6 (2): 219-24.

9. 김종율, 김성진, 이지범, 이승철, 원영호. 여드름 환자에서의 경구 레티노이드 (Roaccutane)의 치료 효과. 전남의대학술지 2000; 36 (2): 195-200.

10. 김중환. 여자 여드름에 대한 Diane 치료 : 공동연구의 중간보고. 대한피부과학회지 1982; 20 (4): 509-18.

11. 김홍직, 황규홍, 김영근. 장기간 Minocycline으로 좌창 치료중 병발한 피티로스포룸 모낭염 1례. 순천향대학교 논문집 1992; 14 (4): 1003-8

12. 노영석, 고주연, 김낙인, 이주흥, 이준영, 성경제. 피지선 관련 질환의 최신지견 : 여드름 환자에서 한국형 여드름 중증도 시스템을 이용한 경구 이소트레티노인 (Roaccutane)의 치료 효과 평가 및 환자의 만족도에 대한 연구. 대한피부과학회 초록집 2008; 46 (20): 90.

13. 명기범, 정화순, 임연순, 정낙은. 여드름 환자에서 Propionibacterium acnes에 대한 항생제의 최저발육저지농도에 관한 연구. 대한피부과학회지 1995; 33 (3): 437-444.

14. 박일중, 장성은, 최지호, 성경제, 문기찬, 고재경. 여드름의 Accutane 치료 후 재발율에 관한 임상 연구. 대한피부과학회 초록집 1998; 36 (10): 64.

15. 변지원, 한성협, 양보희, 송희진, 이현숙, 이승규, 신정현, 최광성. 에이퍼트 증후군에서 Isotretinoin로 치료한 난치성 여드름 1예. 대한피부과학회지 2009; 47 (10): 1196-8.

16. 서대헌, 황상민, 이승헌, 성경제, 최응호. 한국인에서 경도 및 중등도의 여드름에 대한 경구 Isotretinoin의 유효성 및 안전성 평가. 대한피부과학회지 2000; 38 (10): 1309-14.

17. 서영준, 박영군, 서기범, 이증훈, 박장규. 말라쎄지아 모낭염과 스테로이드 여드름의 비교. 대한의진균학회지. 2001; 6 (3): 160-6.

18. 송마가렛, 서상희, 고현창, 김성준, 김문범, 권경술, 장철훈, 오창근. 여드름 환자에서 배양된 Propionibacterium acnes의 항생제 감수성에 관한 연구. 대한피부과학회 학술대회발표집 2007; 59 (2): 152.

19. 양승권, 나숙희, 장규영, 이윤영, 윤미경, 유수현, 이경률, 이희주. 로아큐탄 연질캡슐(이소트레티노인 10mg)에 대한 니메겐 연질캡슐의 생물학적동등성. Journal of Pharmaceutical Investigation 2007; 37 (4): 255-61.

20. 윤종호, 이상욱, 최억. 안과학. 제6판. 일조각 1999: 293-4.

21. 윤양현, 노병인, 서성준, 김명남, 홍창권. 여드름 환자 치료에서 경구용 Isotretinoin과 Minocycline의 비용-효과 측면의 연구. 대한피부과학회 2005; 43 (9): 1200-6.

22. 이가영. 한국형 여드름 치료 가이드라인: 레티노이드. 대한피부과학회 초록집 2010; 48 (20): 99-100.

23. 이미우, 조소연. 여드름 : 항생제요법. 대한피부과학회 초록집 2010; 48 (20): 98.

24. 이수근, 김재홍, 양홍윤, 김윤석, 유희준, 손숙자. 스테로이드 여드름과 여드름양 발진에서 Malassezia (Pityrosporum) 효모균의 출현 빈도. 대한의진균학회지. 1998; 3 (1): 24-32.

25. 이주흥. 여드름 치료를 위한 경구 요법 : 레티노이드 제외. 피부과 전문의를 위한 Update in Dermatology 2003; 1 (1): 21-3.

26. 이진욱, 장세진, 서대헌, 성경제, 이승헌, 최응호. 한국인의 경도 및 중등도 여드름 환자에서 경구 Isotretinoin 사용 1년후 재발율에 관한 연구. 대한피부과학회지 2004; 42 (6): 675-81.

27. 이진욱, 장우선, 유광호, 노용관, 한태영, 이갑석, 서성준, 홍창권. 여드름 환자에서 고식적 용량과 저용량, 주기적인 방법으로 경구용 Isotretinoin을 투여한 후의 치료 효과. 대한피부과학회 학술대회발표집 2009; 61 (2): 132.

28. 이형래, 장희선, 한태영, 이현경, 손숙자. 감마 리놀렌산(Gamma Linolenic acid)이 여드름 중증도에 미치는 영향 대한피부과학회 초록집 2010; 48 (20): 197.

29. 전국의과대학 안과학 교수편. 안과학. 15판. 도서출판 한우리 2002: 324-5.

30. 정선경, 이윤영, 조태섭, 김호현, 이예리, 이경률, 이희주. 루리드 정(록시스로마이신 150mg)에 대한 록시스린 정의 생물학적동등성. Journal of Pharmaceutical Investigation 2004; 34 (3): 209-14.

31. 최응호. 여드름 ; 여드름의 경구치료. 대한피부과학회 초록집 2000; 38 (10):74.

32. 최응호. 한국인에서 경도 및 중등도의 여드름에 대한 경구 Isotretinoin 치료효과에 관한 연구. 대한피부과학회 초록집 2001; 39 (20): 167.

33. 최응호. 경구 이소트레티노인(Isotretinoin). 피부과 전문의를 위한 Update in

Dermatology 2003; 1 (1): 24-8.

34. 최재은, 서수홍, 손상욱, 김일환. 여드름 환자에서 경구 Isotretinoin이 입술 피부장벽에 미치는 영향과 이에 대한 보습제의 예방 효과에 대한 연구. 대한피부과학회지 2008; 46 (10): 1353-6.

35. 한지연, 강문원. 새로운 Macrolide 제제. 대한화학요법학회지 1991; 9 (2): 69-74.

36. 허원, 이종주, 전경호. 여드름에 대한 황산아연의 치료효과. 대한피부과학회지 1981; 19 (2): 175-82.

37. Agarwal US, Besarwal RK, Bhola K. Oral isotretinoin in different dose regimens for acne vulgaris: a randomized comparative trial. Indian J Dermatol Venereol Leprol 2011; 77 (6): 688-94.

38. Akman A, Durusoy C, Senturk M, Koc CK, Soyturk D, Alpsoy E. Treatment of acne with intermittent and conventional isotretinoin: a randomized, controlled multicenter study. Arch Dermatol Res 2007; 299 (10): 467-73. 39. Alonso-de-Celada RM, de-Lucas Laguna R. Safe and successful treatment of acne vulgaris with isotretinoin in a patient with chronic granulomatous disease. Pediatr Dermatol 2012; 29 (5): 662-3.

40. Al-Shobaili H, Al-Khenaizan S. Childhood generalized pustular psoriasis: successful treatment with isotretinoin. Pediatr Dermatol 2007; 24 (5): 563-4.

41. Amichai B, Shermer A, Grunwald MH. Lowe dose isotretinoin in the treatment of acne vulgaris. J Am Acad Dermatol 2006; 54: 644-6.

42. Antonio JR, Pegas JR, Cestari TF, Do Nascimento LV. Azithromycin pulses in the treatment of inflammatory and pustular acne: efficacy, tolerability and safety. J Dermatolog Treat 2008; 19 (4): 210-5.

43. Arbegast KD, Braddock SW, Lamberty LF, et al. Treatment of infantile cystic acne with oral isotretinoin: a case report. Pediatr Dermatol 1991; 8: 166-8.

44. Babaeinejad S, Khodaeiani E, Fouladi RF. Comparison of therapeutic effects of oral doxycycline and azithromycin in patients with moderate acne vulgaris: What is the role of age? J Dermatolog Treat 2011; 22 (4): 206-10.

45. Berk DR. Effectiveness of conventional, low-dose and intermittent oral isotretinoin in the treatment of acne: a randomized, controlled comparative study: comment. Br J Dermatol 2011; 165 (1): 205.

46. Bottomley WW, Culiffe WJ. Severe flares of acne following isotretinoin: large closed comedones (macrocomedones) are a risk factor. Acta Derm Venereol. 1993; 73 (1): 74.

47. Brown JM, Poston SM. Resistance of propionibacteria to antibiotics used in the treatment of acne. J Med Microbiol 1983; 16 (3): 271-80.

48. Burket JM, Storrs FJ. Nodulocystic infantile acne occurring in a kindred of steatocystoma. Arch Dermatol 1987; 123: 432-3.

49. Choi JS, Koren G, Nulman I. Pregnancy and isotretinoin therapy. CMAJ 2013; 185 (5): 411-3.

50. Cotterill JA, Cunliffe WJ, Forster RA, Williamson DM, Bulusu L. A comparison of trimethoprim-sulphamethoxazole with oxytetracycline in acne vulgaris. Br J Dermatol 1971; 84 (4): 366-9.

51. Cotterill JA, Cunliffe WJ, Williamson B. The effect of trimethoprim-sulphamethoxazole on sebum excretion rate and biochemistry in acne vulgaris. Br J Dermatol 1971; 85 (2): 130-3.

52. Cumurcu T, Sezer E, Kilic R, Bulut Y. Comparison of dose-related ocular side effects during systemic isotretinoin administration. Eur J Ophthalmol 2009; 19 (2): 196-200.

53. Cunliffe WJ, Aldana OL, Goulden V. Oral trimethoprim: a relatively safe and successful third-line treatment for acne vulgaris [letter]. Br J Dermatol 1999; 141: 757-8.

54. Cunliffe WJ, Baron SE, Coulson IH. A clinical and therapeutic study of 29 patients with infantile acne. Br J Dermatol 2001; 145: 463-6.

55. Cyrulnik AA, Viola KV, Gewirtzman AJ, Cohen SR. High-dose isotretinoin in acne vulgaris: improved treatment outcomes and quality of life. Int J Dermatol 2012; 51 (9): 1123-30.

56. Demircay Z, Kus S, Sur H. Predictive factors for acne flare during isotretinoin treatment. Eur J Dermatol. 2008;18 (4): 452-6.

57. Ebede TL, Arch EL, Berson D. Hormonal Treatment of Acne in Women. J Clin Aesthet Dermatol. 2009; 2 (12): 16-22.

58. Foitzik K, Spexard T, Nakamura M, Halsner U, Paus R. Towards dissecting the pathogenesis of retinoid-induced hair loss: all-trans retinoic acid induces premature hair follicle regression (catagen) by upregulation of transforming growth factor-beta2 in the dermal papilla. J Invest Dermatol 2005; 124 (6): 1119-26.

59. Fraunfelder FT, La Braico JM, Meyer MS. Adverse ocular reactions possibly associated with isotretinoin. Am J Ophthalmol 1985; 100: 534-7.

60. Gerber AR. Vitamin A poisoning in adults: with a description of a case. Am J Med 1954; 16: 729-45.

61. Friedman DI. Medication-induced intracranial hypertension in dermatology. Am J Clin Dermatol 2005; (1): 29-37.

62. Gold JA, Shupack JL, Nemec MA. Ocular side effects of the retinoids. Int J Dermatol 1989; 28: 218-25.

63. Goulden V, Clark SM, McGeown C, Cunliffe WJ. Treatment of acne with intermittent isotretinoin. Br J Dermatol 1997; 137: 106-8.

64. Harms M, Masouye I, Radeff B. The relapse of cyctic acne after isotretinoin treatment are age-ralated: a long-term follow-up study. Dermatologica 1986; 172: 148-53.

65. Horne HL, Carmichael AJ. Juvenile nodulocystic acne responding to systemic isotretinoin. Br J Dermatol 1997; 136: 792-806.

66. Kapur N, Hughes JR, Rustin MH. Exacerbation of asthma by isotretinoin. Br J Dermatol 2000; 142 (2): 388-9.

67. Karadag AS, Ertugrul DT, Bilgili SG, Takci Z, Akin KO, Calka O. Immunoregulatory effects of isotretinoin in patients with acne. Br J Dermatol 2012; 167 (2): 433-5.

68. Katsambas A, Dessinioti C. New and emerging treatments in dermatology: acne. Dermatol Ther 2008; 21 (2): 86-95.

69. Kawada A, Aragane Y, Tezuka T. Levofloxacin is effective for inflammatory acne and achieves high levels in the lesions: an open study. Dermatology 2001; 204: 301-2.

70. Kawada A, Wada T, Oiso N. Clinical effectiveness of once-daily levofloxacin for inflammatory acne with high concentrations in the lesions. J Dermatol 2012; 39 (1): 94-6.

71. Kaymak Y. Creatine phosphokinase values during isotretinoin treatment for acne. Int J Dermatol 2008; 47 (4): 398-401.

72. Kim J. Acne vaccines: therapeutic option for the treatment of acne vulgaris? J Invest Dermatol 2008; 128 (10): 2353-4.

73. Kobayashi M, Kabashima K, Nakamura M, Tokura Y. Effects of oral antibiotic roxithromycin on quality of life in acne patients. J Dermatol 2009; 36 (7): 383-91.

74. Lakshmi C. Hormone therapy in acne. Indian J Dermatol Venereol Leprol 2013; 79 (3): 322-37.

75. Langan SM, Batchelor JM. Acne, isotretinoin and suicide attempts: a critical appraisal. Br J Dermatol 2011; 164 (6): 1183-5.

76. Laquieze S, Czernielewski J, Rueda MJ. Beneficial effect of a moisturizing cream as adjunctive treatment to oral isotretinoin or topical tretinoin in the management of acne. J Drug Dermatol 2006; 5: 985-90.

77. Layton AM, Knaggs H, Taylor J, Cunliffe WJ. Isotretinoin for acne vulgaris-10 years later: a safe and successful treatment. Br J Dermatol 1993; 129: 292-6.

78. Layton AM, Stainforth JM, Cunliffe WJ. Ten years' experience of oral isotretinoin for the treatment of acne vulgaris. J Dermatol Treat 1993; 4 (Suppl 2): S2-5.

79. Leaute-Labreze C, Gautier C, Labbe L, et al. Acné infantile et isotrétinoïne. Ann Dermatol Venereol 1998; 125: 132-4.

80. Lee JW, Yoo KH, Park KY, Han TY, Li K, Seo SJ, Hong CK. Effectiveness of conventional, low-dose and intermittent oral isotretinoin in the treatment of acne: a randomized, controlled comparative study. Br J Dermatol 2011; 164 (6): 1369-75.

81. Lewis-Jones MS. Results of a UK consultant dermatologist postal survey in infantile acne. Br J Dermatol 2000; 143(Suppl. 57): 123.

82. Leyden JJ, McGinley KJ, Cavalier S, Webster GF, Mills OH, Kligman AM. Propionibacterium acnes resistance to antibiotics in acne patients. J Am Acad Dermatol 1983; 8: 41-5.

83. Leyden JJ, McGinley KJ, Foglia AN. Qualitative and quantitative changes in cutaneous bacteria associated with systemic isotretinoin therapy for acne conglobata. J Invest Dermatol 1986; 86 (4): 390-3.

84. Mandekou-Lefaki I, Deli F, Tetnetzis A, Euthimiadau R, Karakatsanis G. Low dose schema of isotretinoin in acne vulgaris. Int J Clin Pharmacol Res 2003; 23: 41-6.

85. Mays RM, Gordon RA, Wilson JM, Silapunt S. New antibiotic therapies for acne and rosacea. Dermatol Ther 2012; 25 (1): 23-37.

86. McCarty M, Rosso JQ. Chronic administration of oral trimethoprim-sulfamethoxazole for acne vulgaris. J Clin Aesthet Dermatol 2011; 4 (8): 58-66.

87. Mehra T, Borelli C, Burgdorf W, Röcken M, Schaller M. Treatment of severe acne with low-dose isotretinoin. Acta Derm Venereol 2012; 92 (3): 247-8.

88. Mengesha YM, Hansen RC. Toddler-age nodulocystic acne. J Pediatr 1999; 134: 644-8.

89. MHRA(Medicines and healthcare Products Regulating Agency). Isotretinoin: risk of serious skin reactions. Drug Safety Update 2010; 4 (2): A2.

90. Moon SH, Roh HS, Kim YH, Kim JE, Ko JY, Ro YS. Antibiotic resistance of microbial strains isolated from Korean acne patients. J Dermatol 2012; 39 (10): 833-7.

91. Nguyen TT. Acne treatment: easy ways to improve your care. J Fam Pract 2013; 62 (2): 82-9.

92. Ochsendorf F. Minocycline in acne vulgaris: benefits and risks. Am J Clin Dermatol 2010; 11 (5): 327-41.

93. Parsad D, Pandhi R, Dogra S. A guide to selection and appropriate use of macrolides in skin infections. Am J Clin Dermatol 2003; 4 (6): 389-97.

94. Piamphongsant T. Pustular acne. Int J Dermatol 1985; 24 (7): 441-3.

95. Rademaker M. Adverse effects of isotretinoin: A retrospective review of 1743 patients started on isotretinoin. Australas J Dermatol 2010; 51 (4): 248-53.

96. Rafiei R, Yaghoobi R. Azithromycin versus tetracycline in the treatment of acne vulgaris. J Dermatolog Treat 2006; 17 (4): 217-21.

97. Rubenstein R, Roenigk HH Jr, Stegman SJ, Hanke CW. Atypical keloids after dermabrasion of patients taking isotretinoin. J Am Acad Dermatol. 1986; 15 (2 Pt 1): 280-5.

98. Sabroe RA, Staughton RCD, Bunker CB. Brochospasm induced by isotretinoin. Br Med J 1996; 312: 886.

99. Sahin MT, Türel-Ermertcan A, Oztürkcan S, Türkdogan P. Generalized granuloma annulare in a patient with type II diabetes mellitus: successful treatment with isotretinoin. J Eur Acad Dermatol Venereol 2006; 20 (1): 111-4.

100. Saint-Jean M, Ballanger F, Nguyen JM, Khammari A, Dréno B. Importance of spironolactone in the treatment of acne in adult women. J

Eur Acad Dermatol Venereol 2011; 25 (12): 1480-1.

101. Seukeran DC, Cunliffe WJ. Acne vulgaris in the elderly: the response to low-dose isotretinoin. Br J Dermatol 1998; 139 (1): 99-101.

102. Simić D, Situm M, Letica E, Penavić JZ, Zivković MV, Tomić T. Psychological impact of isotretinoin treatment in patients with moderate and severe acne. Coll Antropol 2009; 33 Suppl 2: 15-9.

103. Simonart T, Dramaix M, De Maertelaer V. Efficacy of tetracyclines in the treatment of acne vulgaris: a review. Br J Dermatol 2008; 158 (2): 208-16.

104. Simonart T. Newer approaches to the treatment of acne vulgaris. Am J Clin Dermatol 2012; 13 (6): 357-64.

105. Simpson RC, Grindlay DJ, Williams HC. What's new in acne? An analysis of systematic reviews and clinically significant trials published in 2010-11. Clin Exp Dermatol 2011; 36 (8): 840-3.

106. Tan HH. Antibacterial therapy for acne: a guide to selection and use of systemic agents. Am J Clin Dermatol 2003; 4 (5): 307-14.

107. Tirado Sánchez A; León Dorantes G. Erectile dysfunction during isotretinoin therapy Actas urologicas españolas. 2005; 29 (10): 974-6.

108. Torrelo A, Pastor MA, Zambrano A. Severe Acne Infantum Successfully Treated with Isotretinoin. Pediatr Dermatol 2005; 22 (4): 357-9.

109. Wolverton SE, Harper JC. Important controversies associated with isotretinoin therapy for acne. Am J Clin Dermatol 2013; 14 (2): 71-6.

110. Yesilova Y, Bez Y, Ari M, Turan E. Effects of isotretinoin on social anxiety and quality of life in patients with acne vulgaris: a prospective trial. Acta Dermatovenerol Croat 2012; 20 (2): 80-3.

111. Zachariae H. Delayed wound healing and keloid formation following argon laser treatment or dermabrasion during isotretinoin treatment. Br J Dermatol 1988; 118 (5): 703-6.

찾아보기(영문)

(W)
white head   19

찾아보기(한글)